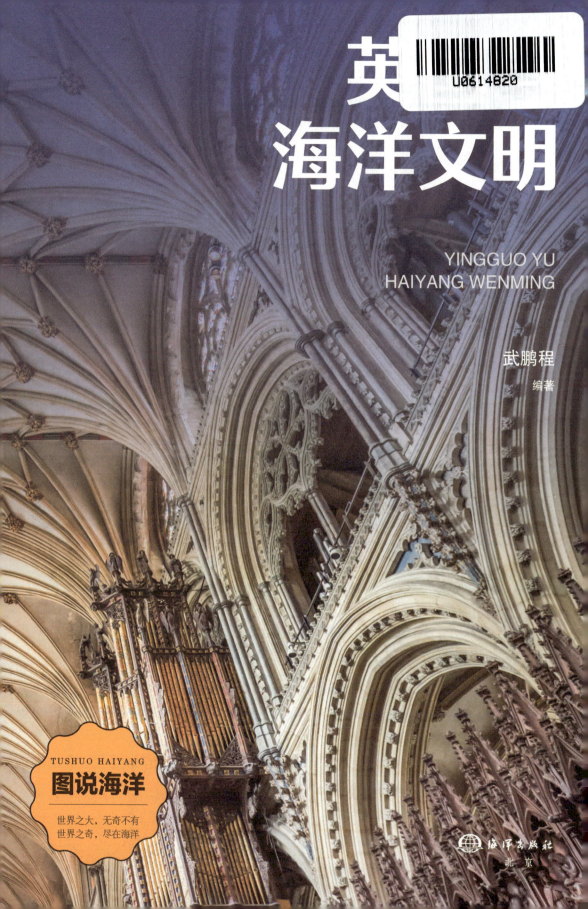

# 英国与
# 海洋文明

YINGGUO YU
HAIYANG WENMING

武鹏程

编著

TUSHUO HAIYANG

**图说海洋**

世界之大，无奇不有
世界之奇，尽在海洋

海洋出版社
北京

**图书在版编目（CIP）数据**

英国与海洋文明 / 武鹏程编著. — 北京：海洋出
版社，2025.1. — ISBN 978-7-5210-1400-6

Ⅰ.K561.09

中国国家版本馆CIP数据核字第2024RZ9040号

## 英国与海洋
## 文明

YINGGUO YU HAIYANG
WENMING

| | |
|---|---|
| 总 策 划：刘 斌 | 总 编 室：(010) 62100034 |
| 责任编辑：刘 斌 | 网 址：www.oceanpress.com.cn |
| 责任印制：安 淼 | 承 印：侨友印刷（河北）有限公司 |
| 排 版：海洋计算机图书输出中心 晓阳 | 版 次：2025 年 1 月第 1 版 |
| 出版发行：海洋出版社 | 2025 年 1 月第 1 次印刷 |
| 地 址：北京市海淀区大慧寺路 8 号 | 开 本：787mm×1092mm 1/16 |
| 100081 | 印 张：10 |
| 经 销：新华书店 | 字 数：180 千字 |
| 发 行 部：(010) 62100090 | 定 价：59.00 元 |

本书如有印、装质量问题可与发行部调换

# 前　言

　　英国位于大西洋的东部地区，是一个四面环海的岛国，拥有悠久的航海历史，在跟北欧海盗缠斗的几百年中，英国人掌握了高超的造船技术以及丰富的航海经验。

　　到了 15 世纪末期，葡萄牙、西班牙为了避开威尼斯、热那亚等国家对环地中海地区的贸易控制，率先开始了对海洋的探索，拉开了欧洲大航海时代的序幕。在此之后 500 年的时间里，葡萄牙、西班牙、荷兰、英国等先后成为殖民大国，为了保护自己的海外殖民地，它们之间频繁地爆发战争。海洋霸权不同于陆地霸权，并不像"跑马圈地"那么简单，在海洋上各国需要先进的航海技术及经验丰富的航海人才，只有这样才能保证自己的殖民利益。

　　当然，作为海洋霸主，回报也是极其丰厚的，除了从美洲、非洲以及亚洲殖民地攫取巨额财富外，依靠数百年的殖民积累，海洋霸权国家比大陆帝国提前进入了工业时代。

　　英国在公元 1546 年创建皇家海军；在伊丽莎白一世时代，向海盗颁发私掠许可证，并在公元 1588 年击败西班牙无敌舰队，从此走上了崛起之路。之后，英国又通过三次英荷战争夺走了本属荷兰的海洋贸易和殖民地；又与法国开战，独占印度和北美殖民地。精明的英国人不管战争输赢，只论实际利益，因此每一次的战争都赚得盆满钵满。

　　自 18 世纪末期到 20 世纪初期，英国以绝对优势的海军力量，在世界三大洋上纵横驰骋，所向披靡，开辟和保护了大英帝国广阔的殖民地，形成了殖民地大于英国本土 150 倍的疆域面积，成为世界历史上第二个"日不落"帝国。

　　英国是如何从一个相对隔绝的岛国，依靠海洋的梦想，牢牢掌握海洋的力量，不断地在海洋时代孕育出划时代的进程，不仅改变了自己的命运，也影响了整个世界的呢？本书以精美的图片、生动的文字、翔实的史料向读者讲述英国的海洋与文明故事。

# 目　录

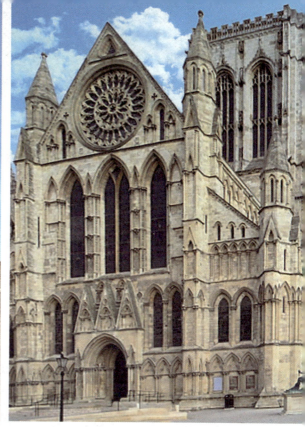

# 第一章
# 英格兰的诞生

西哥特人打败了西罗马帝国，使得不列颠岛失去了保护，为了抵御外族入侵，不列颠岛人请来了援军，然而这些援军却反客为主，分割了不列颠岛。

日耳曼人在罗马帝国时期与凯尔特人、斯拉夫人一起被罗马人称为欧洲的三大蛮族。古希腊作家皮提亚斯的旅行记、恺撒的《高卢战记》等都有关于日耳曼人的最早文字记载。如今的德意志人、丹麦人、瑞典人、盎格鲁－撒克逊人等都是日耳曼人。

◉ 不列颠岛上的西哥特风格建筑——威斯敏斯特大教堂

## 不列颠岛"请"来的援军

面对来势汹汹的西哥特人，西罗马帝国很快就被打趴下了。公元 410 年 9 月初，西哥特人扶植了一个傀儡皇帝，以维持着西罗马帝国的名号。

### 西罗马帝国境内战火四起

8 年之后，西哥特建国，首都为图卢兹（如今法国境内）。曾经不可一世的西罗马帝国，不仅皇帝被要挟，而且在西罗马帝国境内赫然建立了一个"蛮族王国"。

之后，西罗马帝国广袤的国境内就开始不太平了，日耳曼人纷纷来到西罗马帝国境内建立卫国；公元 457 年，勃艮第人占领高卢东南部罗纳河流域，建勃艮第王国。

此时，西罗马帝国就像一块肥肉一样，谁都想咬上一口，陆地上除了日耳曼人的入侵外，还有（匈人）中亚大帝阿提拉在要求娶西罗马帝国皇帝的妹妹不成之后，发动了对西罗马帝国的战争；海上也不平静，汪达尔人建立了汪达尔—阿兰王国，他们频繁地从海上进攻西罗马帝国，先后占领了科西嘉岛和西西里岛。

这个时期，整个西罗马帝国疆域内战火四起，日耳曼各部族、西罗马帝国以及匈人帝国之间混战不断，而此时的不列颠岛因为外族的骚扰，日子也并不好过。

◉ 汪达尔－阿兰王国钱币上的盖萨里克

## 日耳曼人入侵

不列颠人摆脱了西罗马帝国的统治，同时也失去了西罗马帝国的保护。为了不受外族欺凌，不列颠人"请"来了日耳曼人作为自己的保护者。

面对不列颠岛这个被罗马统治过的地方，日耳曼人欣然前来，日耳曼大军朝不列颠岛进发，绕过克洛维一世率领的法兰克人的阻击，来到北海，到达不列颠岛。他们来到不列颠岛后通过暴力、残杀，彻底征服了英格兰东部的古不列颠人，并且消灭了古不列颠人的文化。

不仅如此，日耳曼人来到不列颠岛后，不断地向西侵略，随着日耳曼人的声势壮大，西进的队伍也变得壮大了起来，这时在西进的日耳曼人队伍中，还有之前已经来到不列颠岛的朱特人、弗里斯人、盎格鲁人和撒克逊人。

◉ 中亚大帝阿提拉

阿提拉（406—453年），古代亚欧大陆匈人的领袖和皇帝，欧洲人称之为"上帝之鞭"。他曾率领军队两次入侵巴尔干半岛，包围君士坦丁堡；亦曾远征至高卢（今法国）的奥尔良地区，沙隆之战后被迫停止向西进军。

罗马人将基督教带到了不列颠岛，岛上的居民开始信奉基督教，但是盎格鲁－撒克逊人来到不列颠岛之后，依然坚持自己的宗教、礼仪、个性和语言，原来经过3个世纪形成的罗马式生活方式被完全推翻，转而开始流行盎格鲁－撒克逊人的生活方式。

盎格鲁－撒克逊人蓄着胡须，皮肤白皙，面色红润，头发呈亚麻色，蓝色的眼珠里飘出的是冷淡的神情，他们爱喝酒，不注重文化，非常注重个人英雄主义，更享受强壮身体所带来的大胃口，渐渐地，不列颠岛上也开始流行这样的风格。

⊙ **亚瑟王**

根据吉尔达斯的资料显示，在5、6世纪之交时，有位名叫安普罗修·安布罗修斯的罗马－不列颠人后裔在一个叫作巴顿山的地方打败撒克逊人，成为这个时候的英雄。

基于他的事迹，衍生出后人所描绘的亚瑟王，后来不列颠人、撒克逊人、诺曼人和都铎王朝都声称亚瑟王是自己的祖先。

此时的不列颠岛已经被外来入侵者分割成了许多小国家和城邦，不同国家的信仰也互不相同，他们的足迹遍布泰晤士河流域，形成了如今的埃塞克斯（东撒克逊）、米德尔塞克斯、威塞克斯和苏塞克斯的疆土。这些人被称为撒克逊人，他们的语言被称为盎格鲁－撒克逊语。

不列颠岛上经过3个世纪形成的罗马式生活方式被推翻，而不列颠岛的原住民则东躲西藏地逃避着战祸。

盎格鲁人从德国最北边与丹麦毗邻的石勒苏益格－荷尔斯泰因来到不列颠岛，并且在这里有了属地，此后用自己的名字命名了东盎格利亚，并且最终得名英格兰。

◉ 英国的罗马人（维多利亚时代的插图）

## 英格兰诞生，宗教统一

失去了西罗马帝国的保护后，不列颠岛上的入侵者如赶鸭子一般驱赶着古不列颠人，以趁机扩大自己的地盘。在不列颠岛群雄纷争的时候，一位重要的罗马教皇走到了历史舞台，他就是格里高利一世。

### 出身名门的格里高利一世

格里高利一世出生于公元 540 年，他的家族拥有巨大的财富，并且家族成员是古罗马元老院中的贵族，在罗马教会中占据要职。格里高利一世的曾祖父菲利克斯三世在公元 483 年被选为罗马主教。

公元 573 年，格里高利一世被当时统治意大利部分疆土的拜占庭帝国任命为罗马城执政官，但他受到隐修生活的吸引，在任职一年后便辞官走上了隐修之路。他把全部家产捐给教会，兴建了隐修院并自愿成为修士，在自己创设的圣安德烈修道院担任院长，同时大量接济穷人，这一系列的行为大大提高了他在教会中的声望。

公元 586 年，被时任教皇任命为罗马教区总辅祭，管理教会财务。

公元 590 年，罗马发生瘟疫，教皇贝拉吉二世不幸染病身亡，格里高利一世凭借超高的人气被推选担任教皇。

◉ 格里高利一世

◉ 坎特伯雷大教堂

坎特伯雷大教堂位于英国肯特郡郡治坎特伯雷市，建于公元 598 年，是英国最古老、最著名的基督教建筑之一，教堂的正式名称是"坎特伯雷基督座堂和大主教教堂"。

## 教会入侵之肯特王国

格里高利一世上台之后，非常注重传教，他将目光聚焦在偏于一隅的不列颠岛。公元 579 年，格里高利一世向不列颠岛派出一名叫奥古斯丁的主教，带领由 40 人组成的本笃会传教团，来到肯特王国所在的赛尼特岛。

肯特王国的国王埃塞尔伯特亲自接见了教皇的传教团，埃塞尔伯特在 6 世纪末的英格兰称霸，据说他的霸权范围一直延伸到亨伯河以南区域。

在主教奥古斯丁的影响下，埃塞尔伯特接受了洗礼，成为盎格鲁－撒克逊诸王国中第一位接受基督教的国王。奥古斯丁在这里站稳了脚跟，不仅修订了法典，还在坎特伯雷建立教堂，成为第一位坎特伯雷大主教。

● 亨吉斯特和霍萨

1842 年钢版画《亨吉斯特和霍萨兄弟率领盎格鲁－撒克逊人》

亨吉斯特是英格兰传说中的一位国王，相传他与弟弟霍萨同为第一批迁到不列颠岛的盎格鲁－撒克逊人的领袖。

公元 450 年亨吉斯特和霍萨被罗马人和古不列颠人后裔沃蒂根聘为雇佣兵而出现在不列颠岛的肯特。

● 圣奥古斯丁

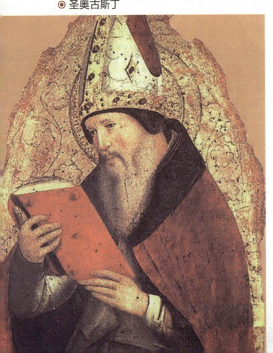

## 朱特人建立了肯特王国

为了抵御北方的皮克特人，古不列颠人首领沃蒂根花重金聘请来了朱特人，朱特人来到不列颠岛后，一边帮助古不列颠人对抗皮克特人，一边壮大自己的队伍。

随着朱特人的队伍逐渐壮大，不列颠人给予的财宝已经无法满足他们的欲望。终于在不久之后，朱特人首领亨吉斯特和他的儿子埃斯克，与邀请他们前来的古不列颠人闹翻，朱特人调转枪头很快就打败了当地的古不列颠人，建立了一个新的王国——肯特王国。

肯特王国经过 1 个多世纪的发展后，到了 7 世纪末，肯特王国在英格兰（不列颠）称霸。一位卓越的国王再次诞生，他就是埃塞尔伯特，在统治期间与法兰克国王克洛维一世的孙女贝莎公主联姻。作为交换条件，法兰克人要求肯特国王尊重并接受公主信奉基督教的习俗，所以，贝莎与埃塞尔伯特结婚时，不仅带来了大量嫁妆，还带来了自己的牧师，并且在首都坎特伯雷圣马丁古老的罗马教堂中举行了礼拜活动。

公元 597 年，埃塞尔伯特在首都坎特伯雷接待了罗马教皇格里高利一世派出的传教使节圣奥古斯丁，并在圣奥古斯丁的影响下接受了洗礼，成为盎格鲁－撒克逊诸王国中第一位接受基督教的国王。

埃塞尔伯特从公元 580 年开始统治肯特王国，直到公元 616 年去世，巩固了与海峡对岸法兰克人的联盟。

另一边，同在不列颠岛上的东盎格里亚的瑞德瓦尔德国王却在忙着征战，他正在从英格兰中央地带扩大疆域，逐渐形成了麦西亚王国。

## 教会入侵之诺森布里亚王国

再说不列颠岛上盎格鲁人建立的伯尼西亚王国的艾塞弗里斯国王，他不断扩张自己

伯尼西亚王国由盎格鲁－撒克逊人艾塞弗里斯在公元 593 年正式建立。由于地处在北的原因，盘踞在爱丁堡山的葛德丁部落的不列颠人经常出来骚扰，于是他便下令建立了防御工事，用来对抗不列颠人的进攻。

的疆域，先吞并了与自己同根同源的一些不列颠岛上的势力，将王国的疆域扩张至包括今天英格兰的约克郡的北部和东部地区，就在他继续北上的时候，更北方的同为盎格鲁人的德拉王国的国王爱德温感受到了威胁，出兵抵抗伯尼西亚王国的大军。

爱德温凭借强大的实力击败并吞并了伯尼西亚王国，形成了一个更强大的王国——诺森布里亚王国。

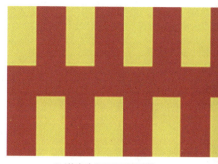

⊙ 诺森布里亚王国国旗

### 撒克逊人统治英格兰的疆域初步形成

盖尔人（古代的苏格兰人）在公元5世纪建立了横跨爱尔兰海、横亘于阿盖尔和安特里姆之间的达尔里亚达王国，定都达纳德。

公元603年，达尔里亚达王国派出一支由苏格兰人和爱尔兰人组成的军队，与伯尼西亚王国的艾塞弗里斯打了起来，这就是著名的德格沙斯坦战役，双方交战的地点在罗克斯堡附近。

德格沙斯坦战役最后胜利的一方是伯尼西亚王国，伯尼西亚王国大军乘胜追击，挥军南下，沿着西海岸吞并了罗马遗族威尔士人的地盘。

公元613年，伯尼西亚王国的国王艾塞弗里斯与1200名威尔士基督教徒，在古罗马小镇切斯特爆发一场遭遇战，或许是由于信仰偏差，艾塞弗里斯将这些人全部杀死。之后，伯尼西亚王国又与威尔士大军大战了一场，伯尼西亚王国的疆域扩张到了迪河沿岸。

伯尼西亚王国的撒克逊人统治英格兰的疆域初步形成，南至哈德良长城，东至塞文河和德文郡边境，这也意味着撒克逊人已经将古不列颠人排挤到了潘宁高以及约克郡西部的艾尔麦特，不过他们并未平静太久，公元627年，约克郡成为撒克逊人的属地。

爱德温同时还掠夺了伯尼西亚王国信奉基督教的埃泽布嘉公主和一位名叫保林的传教士。

公元627年，在传教士保林的主持下，爱德温及其手下举行了受洗仪式，又在约克城建立了约克大教堂。

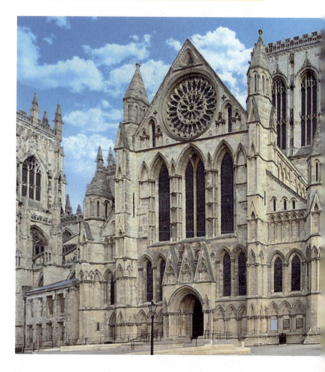

⊙ 约克大教堂

约克郡位于英国英格兰东北部，是英国最大的郡，拥有近2000年的悠久历史，号称"上帝之郡"。约克郡是英国著名的文化之乡。约克大教堂是欧洲现存最大的中世纪时期的教堂，也是世界上设计和建筑艺术最精湛的教堂之一。

约克大教堂始建于公元627年，当时是一座全木结构的建筑，后来在内战中被战火摧毁，如今的哥特风格始建于公元1220年。

按照当时诺森布里亚王国的实力，完全可以荡平与之接壤的麦西亚王国，但是爱德温放弃了这个机会。可强大的诺森布里亚王国让不列颠岛上的其他城邦国颇为不安，遵循"敌人的敌人是朋友"的原则，麦西亚王国国王彭达与威尔士的格温尼德王国的国王卡德瓦尔隆联合了起来，于公元632年在约克郡与诺森布里亚王国开战。此战爱德温大败，被卡德瓦尔隆杀死，诺森布里亚王国陷入混乱之中。

## 林第斯法恩修道院

公元633年，伯尼西亚的奥斯瓦尔德获得了诺森布里亚王位，他请来传教士圣埃丹到诺森布里亚传教，并于公元635年在诺森布里亚海边的林第斯法恩建立了一座修道院，这就是著名的林第斯法恩修道院。

◉ 林第斯法恩修道院废墟

◉ 林第斯法恩修道院废墟

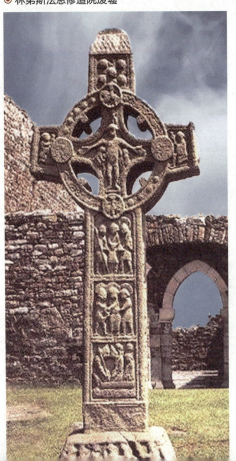

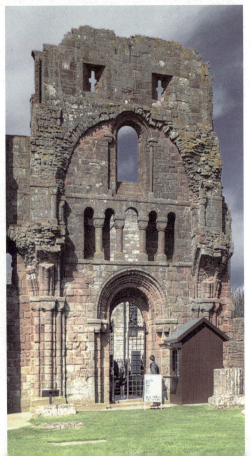

不久之后，奥斯瓦尔德被麦西亚国王彭达杀死，继承王位的是他的弟弟奥西乌，在他统治时期，诺森布里亚的国力持续衰退，不过奥西乌在宗教方面还是有所建树的，他在惠特比宗教会议上确立了罗马基督教会对凯尔特基督教会的领导权。

## 不列颠岛上的基督教正式统一

在不列颠岛上，各王国对基督教教义的理解也都不同。早先，诺森布里亚王国信仰的是由约克郡传入的罗马式宗教礼仪，但对其斋戒和复活节等问题有争议。

直到公元 657 年，在不列颠岛北部海崖的一个小镇的惠特比修道院召开的宗教会议上，才基本确定并统一了宗教仪式等，同时暂时搁置之前争论的问题。

公元 669 年，罗马教皇圣维塔利安派西奥多特使来到不列颠岛，为他们解惑并传教，还向他们提供福利和公共管理服务。由于他驻扎在林第斯法恩修道院，其所书写的许多福音书也都保存在这里，因此林第斯法恩修道院在欧洲就像一朵文明之花，对于当时的人们来说，它不仅是一座修道院那么简单，它还是一个符号、一个文化的象征。

⊙ 麦西亚国王彭达

麦西亚国王彭达战胜诺森布里亚国王埃德温后，使得麦西亚王国成了当时不列颠岛上最强大的盎格鲁－撒克逊统治者。当时，许多盎格鲁－撒克逊王国都已皈依了基督教，但他仍然坚持异教信仰。

⊙ 林第斯法恩修道院内收藏的《福音书》之一

该《福音书》以皮革装订，银质封面上镶满珠宝，内部有华美的插图和装饰图案，是现存最早的英语福音书，堪称国宝。

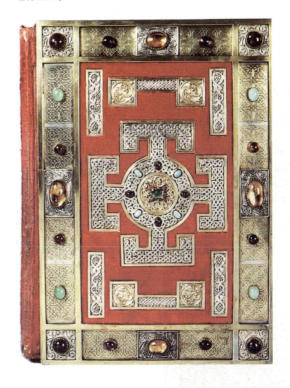

## 英格兰正式诞生

公元 674 年，不列颠岛上的贾罗的泰恩又建立了一座新的修道院，在这里的主教比思考普非常有阅历，不仅曾 5 次前往罗马朝圣，而且每次朝圣回程时都会带来大批工匠、乐师、书籍和捐款，为当地的传教做出了巨大的贡献。不仅如此，在这所修道院里还收留了当时的一位伟大的历史学家"可敬的比德"。正是由于他对英格兰的独特见解，才有了最早使用的"Angle-land"（盎格鲁的土地）一词，由此开始，英格兰正式诞生了。

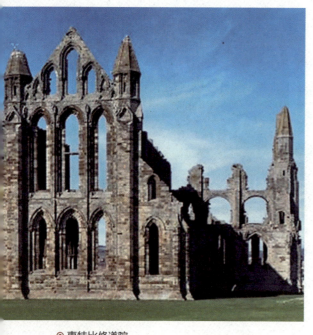

◉ 惠特比修道院

惠特比修道院坐落于惠特比城内东岸悬崖上，是一座地标建筑，后来在维京人入侵不列颠岛时遭到破坏，之后便被遗弃。

## 七国时代

七国时代或七大王国是指公元 5—9 世纪居住在英格兰的盎格鲁－撒克逊部落的非正式联盟，由肯特、萨塞克斯（南撒克逊）、威塞克斯（西撒克逊）、埃塞克斯（东撒克逊）、诺森布里亚、东盎格利亚和麦西亚 7 个小王国组成。

## 首任英格兰老大——麦西亚王国的奥法

麦西亚的领土范围大体相当于如今英国的米德兰地区。该王国大约建立于公元 500 年，在彭达统治时期，麦西亚才逐渐强大起来，王国的势力范围扩张到威塞克斯以及东盎格利亚，成为亨伯河以南的英格兰霸主。彭达死后，麦西亚的霸权一蹶不振。在这个时期，诺森布里亚王国派来的一名传

◉ 可敬的比德

比德是英国盎格鲁－撒克逊时期的历史学家、神学家。7 岁入修道院，30 岁任神父，毕生居住在修道院中，从事宗教活动和撰述。其史学成就卓著，为英国留下了许多珍贵的文化遗产，被后人尊为"可敬的比德"，也被尊为英国历史之父。

教士使麦西亚皈依了基督教。到了 8 世纪后期，麦西亚的实力达到鼎盛，这时的国王是奥法。

### 奥法成了英格兰的主人

奥法出生于公元 730 年左右，于公元 757 年登上王位。奥法之前的麦西亚国王是他的堂兄埃瑟博尔德，因为错信奸臣而被杀害了（"被自己养的狗咬死了"），之后，奥法继位，继续着堂兄的事业——扩张疆域。

在奥法的带领下，麦西亚接连与威塞克斯、肯特发生战争，逐渐控制了东盎格利亚、肯特、萨塞克斯。总之只要是能够扩张领土范围，他无所不用其极。比如，他把女儿分别嫁给了诺森布里亚和威塞克斯的国王，这些地区的国王都是他女婿，所以自然对他表示敬意，但是在利益面前，他谋杀了两个女婿，迫使诺森布里亚和威塞克斯臣服。之后奥法还与教皇交好，建立了利奇菲尔德主教区。

### 建造了奥法堤坝

奥法也颇为英明，在国内他建造了奥法堤坝，这是一项长达 270 千米的土方工程，向西大致沿着麦西亚和威尔士定居点的边界延伸，到达迪伊河口。到今天，这条堤坝的部分仍然屹立着，与其说它是一座堤坝，倒不如说它是一个堡垒、一条分界线，使麦西亚西部地区免遭威尔士人的侵扰。

一代英主终将老去，虽然麦西亚的强大建立在奥法对敌人甚至是对女婿的屠杀中，这让他得到了暴君的恶名，但是在他统治的 39 年内，麦西亚王国维持着对英格兰和威尔士的大部分地区的霸权地位。

◉ **银币上的奥法头像**
这是一枚公元 757—796 年麦西亚国王奥法时期的银便士，奥法统治时期的成就之一就是铸造了带有他的名字和头衔的硬币。

◉ **奥法**
中世纪画家对于麦西亚国王奥法以及圣奥尔本斯修道院的描绘。

◉ 奥法堤坝

自奥法堤坝建造开始，英格兰和威尔士的边界线、土地范围便被确定了。虽然经过了历史的洗礼，如今奥法堤坝已经面目全非，但是奥法堤坝原来的位置大部分依旧是英格兰和威尔士的分界线。

◉ 奥法堤坝分界线

◉ 奥法堤坝指示标

奥法堤坝起点处的指示标。

## 继承奥法地位的是威塞克斯国王埃格伯特

奥法死后，他的子孙没能延续他的辉煌，麦西亚的霸权地位逐渐衰落，最后被不列颠南部的威塞克斯取代。

公元814年，威塞克斯国王埃格伯特侵入威尔士人居住的康沃尔，将其纳入撒克逊人的统治之下，由于威尔士人和撒克逊人的风俗不同，埃格伯特允许该地区可以保留自己的语言和地方官员，实现完全的自治。之后，埃格伯特继续向麦西亚王国进发。公元825年，威塞克斯的军队在史云顿附近击败麦西亚军队，麦西亚被迫承认威塞克斯的宗主地位。由此，英格兰的权力中心向南转移，并一直延续至今。

### 奥法是个绝对不吃亏的人

在奥法统治末期，法兰克王国的查理曼大帝提议自己的儿子娶他的女儿时，奥法表示同意，但是作为交换条件，他希望查理曼大帝的女儿也嫁给自己的儿子，这个条件看起来是如此"平等"，有点像"交换人质"，所以令查理曼大帝勃然大怒，并且宣布与麦西亚绝交，甚至一度还禁止本国人与麦西亚人贸易。

征服了麦西亚后，埃格伯特并没有停止扩张的脚步，不久之后，威塞克斯又进攻了东盎格利亚和诺森布里亚，东部的盎格鲁-撒克逊王国几乎都臣服于威塞克斯，埃格伯特成了全英格兰的宗主。

经历了2个世纪的战火纷飞之后，英格兰人终于迎来了和平期，就在他们准备发展经济的时候，一个盘踞在英格兰附近300年的恶魔悄然逼近。

## 林第斯法恩修道院的灾难

在麦西亚国王奥法在位时，来自斯堪的纳维亚的维京人泛舟海上，在海洋上讨生活，他们一路南下来到不列颠海域。公元793年，一伙维京海盗洗掠了英格兰东北部林第斯法恩岛上的修道院，杀死了其中的修道士，掠夺其中的金银，最后又一把火烧毁了修道院。

### 靠海而生的斯堪的纳维亚人

在不列颠岛对岸生活着一群靠海而生的斯堪的纳维亚人。他们精于航海，骁勇嗜战，他们是战士、居民，同时又是凶残的海盗……

来自斯堪的纳维亚的挪威海盗长期袭击苏格兰和爱尔兰海沿岸的居民。同样来自斯堪的纳维亚的丹麦人则沿北海掠

◉ **埃格伯特**

埃格伯特被史学家定为英国第一任国王，于公元9世纪开始统治，当时英国被分割成多个小国，遭到北欧人的攻击。他被称为"布莱特瓦尔达"，即盎格鲁-撒克逊土地的"广泛统治者"。

◉ 威塞克斯王国发行的硬币

夺，行迹深入法兰克王国境内。不仅如此，斯堪的纳维亚的海盗们甚至去到了俄罗斯，并在那里繁衍生活，建立了基辅公国。与斯堪的纳维亚隔海相望的不列颠岛，自然也是他们洗劫的对象。

### 林第斯法恩修道院的灾难仅仅是开始

在林第斯法恩修道院被洗劫之前，公元790年，来自斯堪的纳维亚的维京人就已经驾驶着龙头船来到了威塞克斯沿岸，他们以贸易为名出售动物皮毛和其他制品。3年之后，他们居然杀死了当地的官员和林第斯法恩修道院的修士，成百上千份手稿和福音书被夺走，没有被杀死的修士也被这些海盗贩卖为奴隶……如此行径令不列颠岛上的诸国大为震惊。

公元806年，相似的可怕事件再度上演，苏格兰爱奥那岛上昔日由圣科伦巴建立的、具有200多年历史的修道院也被北欧海盗洗劫，他们抢走了福音书和贵重物品，杀死或掳走修士，放火烧毁了修道院。

◉ 林第斯法恩修道院遗址

公元793年维京人在此对英格兰发动大规模袭击，残暴地洗劫了林第斯法恩岛上的著名修道院，"野蛮人大肆蹂躏践踏、烧杀抢掠，把林第斯法恩岛上的上帝的教堂夷为废墟"。

◉ 圣科伦巴

公元 563 年圣科伦巴登上爱奥那岛，开始在苏格兰传播基督教，公元 597 年死后葬于该岛。公元 795 年至 10 世纪末，该岛遭维京海盗洗劫，教堂被焚，修士被害。11 世纪时北欧人皈依基督教，重建教堂，该岛一直为圣地。

这一切跟林第斯法恩修道院的遭遇非常相似，这样两座意义重大的修道院被毁事件发生之后，维京人似乎尝到了抢劫的甜头，贸易也不做了，纷纷投身到抢劫活动中，不列颠岛从此饱受维京人的摧残和肆虐。

## 为父报仇的海盗王"白衣"哈夫丹和"无骨者"伊瓦尔

维京海盗的施暴行为让英格兰（不列颠岛上）的国王们非常愤怒，纷纷组织军队抵抗入侵的维京海盗，但是各国的抵抗都没有什么大的成效，因为维京人往往是一窝蜂地上岸抢劫，抢完后又一窝蜂地消失。

早期维京人的袭击都是零散的，抢完就走，之后发展为定居，最后发展到建立政权。

◉ 《凯尔经》插图之一

《凯尔经》插图为四福音书的作者：人代表马太、牛犊代表路加、狮子代表马可、老鹰代表约翰。这部书是由苏格兰西部爱奥那岛修道院的修士绘制的，由《新约圣经》四福音书组成，由拉丁文写成，共有 2000 幅插图。公元 806 年，维京海盗侵袭爱奥那岛修道院，将其毁坏。修士们带着手稿逃到爱尔兰的凯尔镇，新建了凯尔镇修道院。《凯尔经》因此得名。

⦿ 维京人的龙头船

公元 790 年，麦西亚国王奥法就开始组织人员抵抗维京人入侵。

斯堪的那维亚半岛上的国家在 13 世纪前主要以海盗掠夺为生，曾经是威震北海的霸主，欧洲称其为维京人，意为海盗或者北欧海盗。

## 海盗王拉格纳·洛德布罗克被毒蛇咬死

公元 835 年，英格兰遭遇了史上最大规模的维京海盗袭击，维京海盗们从肯特王国的谢佩岛登陆，四散涌向岛上各地……如果说此前维京人的抢劫都是随机的、毫无章法的，但是这之后，维京人的入侵变得更有目的性了。

公元 865 年，丹麦海盗王拉格纳·洛德布罗克在抢劫不列颠岛后，其装满战利品的长船遭遇了暴风雨，在诺森布里亚王国搁浅，拉格纳被诺森布里亚国王埃拉抓获，并将其投入了蛋盆中，被毒蛇咬死了。

## 以复仇的名义肆掠不列颠岛

拉格纳·洛德布罗克有两个著名的海盗王儿子，一个叫"白衣"哈夫丹，另一个就是身患奇病的"无骨者"伊瓦尔。

这两个人都是凶残的海盗，他们率领北欧维京人首先来到了爱尔兰，在征服了爱尔兰后，便以复仇为名指挥维京海盗大军从爱尔兰岛上的都柏林向不列颠岛进军。

⦿ 拉格纳·洛德布罗克

拉格纳·洛德布罗克是北欧传说中的半传奇英雄，是一位生活于维京时期的海盗领袖，其统治范围可能包括今日的丹麦和瑞典南部。他曾于公元 845 年劫掠了巴黎，获得了秃头查理缴纳的大笔赎金。据传说，他最终在公元 865 年因为遭遇海难，漂流至英格兰的诺森布里亚国王埃拉的领地，被俘后遭处死。

公元 865 年，在"无骨者"伊瓦尔的统帅下，维京海盗大军在不列颠岛上一路疯狂地烧、杀、抢、掠，凡是有抵抗者，攻城后必被残杀。

公元 866 年，维京大军血洗了诺森布里亚的约克城。伊瓦尔的杀父仇人、诺森布里亚国王埃拉被海盗们抓住后受尽折磨，最后海盗们把他的肺从背部揪出来，拉成"血色苍鹰"的形状。埃拉死后，约克城成为海盗们南下的中转站，并从此被维京人占领了约一个世纪之久。

公元 868 年，伊瓦尔和哈夫丹率领海盗大军越过亨伯河直取诺丁汉，迫使麦西亚老国王伯雷德求和。

随后，不列颠岛上的东盎格利亚被海盗们攻下，东盎格利亚国王埃德蒙被海盗们作为祭品献给了主神奥丁。他受到了求生不得、求死不能的虐待，不仅身中数箭而不死，而且还被海盗绑在大树上，任凭风吹雨打。之后，海盗们才砍掉了他的脑袋，并将他的脑袋扔到丛林中喂了野狼。埃德蒙之死标志着独立的东盎格利亚王国已不复存在，这片土地被维京人直接统治。

"无骨者"伊瓦尔和"白衣"哈夫丹带领下的维京海盗大军基本摧毁了东盎格利亚、诺森布里亚和麦西亚的盎格鲁-撒克逊政权。最后，只剩下威塞克斯在不列颠岛南方苦苦支撑。维京人在英格兰地区的霸权已经初步建立。

◉ 维京人-工艺品

维京人给人的印象是无情的劫掠者和勇敢的探险者，而实际上维京人的主要职业是农夫、渔民、商人、造船工人、水手、铁匠或木匠。不过，他们中的大多数人可以充当多种不同的角色。

# 第二章
# 从北海大帝克努特到"征服者"威廉

**威**塞克斯王国最后的希望被海盗们彻底剿灭了，英格兰在被多次易手后日渐强大了起来。

### 英格兰的新国王——海盗国王克努特

● **克努特大帝**

克努特是英国历史上非常有名的大人物，英国国王中称大帝（the Great，或者翻译成大王）的只有两位，一位是阿尔弗雷德大帝，另外一位便是克努特大帝。

丹麦海盗王"八字胡"斯温死后，克努特继承了父亲斯温在英格兰的地盘和王位，但是英格兰人拒绝克努特来当他们的国王，他们只承认"勇敢王"埃德蒙二世为国王，克努特被迫回到丹麦。

公元1015年，克努特在其兄丹麦国王哈拉尔的帮助下，率领维京大军，乘坐200艘长船驶向英格兰。

### 克努特成为英格兰唯一的国王

克努特和"勇敢王"埃德蒙二世率领的大军展开了激战，原本城墙四立的伦敦沦陷，威塞克斯、麦西亚和诺森布里亚也相继失守。但是"勇敢王"埃德蒙二世有舅舅诺曼底公爵的支持，克努特一时不能将其歼灭。

公元1016年圣诞节，克努特与"勇敢王"埃德蒙二世达成妥协，英格兰被以泰晤士河为界一分为二，他与"勇敢王"埃德蒙二世分治，并且两位国王之间先离世的那一位要把自己的土地让给另一位活着的国王，后者的后裔将统治整

◉ 埃玛王后

埃塞尔雷德二世的王后是诺曼底公爵的妹妹埃玛，他们的儿子是"勇敢王"埃德蒙二世。而克努特一世娶了埃玛，就等于成了"勇敢王"埃德蒙二世的长辈，所以在"勇敢王"死后，克努特顺理成章地继承了他的地盘。

个英格兰。克努特在伦敦加冕称王，史称克努特一世。6个月之后，克努特娶了埃塞尔雷德二世的遗孀、诺曼底公爵的妹妹埃玛，并许诺与埃玛所生的孩子将继承英格兰，这使得诺曼底公爵站到了克努特这边，让他的国王身份更加牢固。几个月后，"勇敢王"埃德蒙二世去世，克努特顺理成章地成了英格兰唯一的国王。

公元1018年，克努特的兄弟丹麦的哈拉尔国王突然去世，克努特又继承了丹麦的王位，同时成了丹、英两国的国王。这些并未满足这位帝王的野心，之后，他继续南征北战，扩张着海盗帝国的版图。最终，克努特的帝国版图从威塞克斯到丹麦，并延伸到挪威北部地区（瑞典的部分地区）。这个帝国被称为北海帝国，北海则成了帝国的内湖。

克努特是当时西北欧真正的霸主，是诺曼人征服时代的风云人物，他使丹麦国势达到鼎盛。

克努特大帝先后有过两位王后：与第一位王后北桑普顿的艾芙温生有两个儿子：斯韦恩·克努特森（1016—1035年）和哈罗德一世（即兔足王）。与第二位王后诺曼底的埃玛生有一儿一女：哈德克努特（1018—1042年，英格兰国王，1040—1042年在位）和丹麦的贡希尔达。

"八字胡"斯温留下了两个儿子：哈拉尔和克努特，兄弟俩瓜分了父亲的帝国，哈拉尔当丹麦国王，克努特当英格兰国王。

◉ 罗马皇帝康拉德二世

公元1024年，神圣罗马帝国皇帝亨利二世无嗣而终后，康拉德二世被德意志贵族拥立为皇帝，开创了萨利安王朝。公元1026年在米兰加冕为意大利国王，公元1027年，罗马教皇为康拉德二世加冕，成为罗马人的皇帝。

## 与神圣罗马帝国皇帝结交

罗马一直是欧洲信仰的中心，只有被这个地方承认，欧洲的皇帝才算真正地被认可。

公元 1027 年，罗马教皇约翰十九世亲自邀请克努特出席神圣罗马帝国皇帝康拉德二世的加冕礼，这不是简单的邀请，而是变相确认了克努特作为欧洲重要君主的地位。

康拉德二世与克努特年纪相仿，两人兴趣相投，一见如故。加冕仪式上两人并肩前行，然后并排而坐。为表示对这位新结识的兄弟君主的喜爱，康拉德二世将石勒苏益格地区送给了克努特，克努特则把自己的女儿丹麦的贡希尔达嫁给了康拉德二世的儿子。

除此之外，罗马皇帝的加冕礼本身也给克努特留下了难以磨灭的印象，他一回到英格兰，就给自己定做了一顶皇冠。

## 北海大帝的陨落

身兼丹麦、挪威、瑞典、爱尔兰、英格兰多国王位的克努特，在之后的时间里励精图治，政治清明，政绩卓越。公元 1035 年，克努特逝世后，英格兰人民举国哀悼。克努特的遗体被安葬在温切斯特大教堂内。

### ◉ 温切斯特大教堂

在 11 世纪伦敦成为英国首都之前，温切斯特从盎格鲁－撒克逊时代一直都是威塞克斯王国的都城。今天的温切斯特虽然不再是首都，却是英国最宜居的城市之一。

坐落于温切斯特的温切斯特大教堂的地位丝毫不亚于伦敦的威斯敏斯特教堂（西敏寺），近千年来，英国王室不少婚丧嫁娶的重大活动都在此举行。教堂的地上和墙上有许多纪念碑，都是长眠于此的国王、贵族或名人。温切斯特大教堂在战火中几经摧毁，王室遗骸也随之散落各地，直到公元 1661 年才被放回。现在的教堂唱诗班席位外面两侧摆放着 6 个大箱子，里面装着主教和包括克努特在内的英格兰早期国王的遗骸。

克努特是基督徒，却得到异教徒（对尚未皈依基督教人的称谓）诗人的颂扬。同时他也曾是异教徒，却被基督教奉为英雄。从很多方面来说，这位伟大的维京海盗王并不是一个真正的海盗，他为了建立自己公正有序的统治而煞费苦心，曾先后两次去罗马朝圣，还利用自己的影响力让罗马给自己的子民免除关税。克努特与自己那些抢掠成性、专门破坏教堂的海盗祖先相反，不仅出资修建过很多教堂，还向国内的很多教堂捐赠了无数珍贵的圣餐杯、十字架及经书抄本。

克努特的统治大大促进了北海沿岸各国的交流，加快了北欧国家基督教的传播速度。即便是今天，英格兰、苏格兰和丹麦、挪威的语言文化之间，还可以找出众多的相似之处。

## 英格兰王位几经易手，被"征服者"威廉获得

克努特去世之后，他的 3 个儿子克努特森、哈罗德一世、哈德克努特分别加冕为挪威国王、英格兰国王、丹麦国王。

◉ 克努特与大臣们

克努特大帝去世后，北海帝国也随之解体了。北海帝国是维京海盗们在历史上最辉煌的时刻，在此之后，维京海盗开始没落，再也没有人能重现北海帝国的辉煌。

## "忏悔者"爱德华成了英格兰国王

克努特并没有遵守与诺曼底公爵的约定，让其与埃玛王后所生的子女继承英格兰，而是让与第一位王后艾芙温所生的儿子哈罗德一世所继承。因此引起了诺曼底公爵极大的不满，最后两派达成妥协，分邦而治，泰晤士河以北连同伦敦归哈罗德一世，其余归埃玛王后的儿子哈德克努特。

⦿ 古钱币上的哈德克努特

哈德克努特（英格兰的克努特二世，1035—1042年），丹麦国王（克努特三世）。

哈罗德一世（1015—1040年）是英格兰1035—1040年的国王，外号"飞毛腿"，来自他打猎时的速度和技巧。

但哈罗德一世带大军占领了哈德克努特的国土，埃玛王后与儿子"忏悔者"爱德华（埃塞尔雷德二世与埃玛所生）害怕被哈罗德一世迫害，渡海逃亡。

不久之后，哈罗德一世不幸早逝，哈德克努特继承了哈罗德一世的王位，并将同母异父的兄弟"忏悔者"爱德华邀请回国。不久，哈德克努特也去世了，"忏悔者"爱德华在英格兰的威塞克斯伯爵戈德温的支持下，于公元1041年加冕称王，英格兰正式回到威塞克斯王朝的统治。

英格兰后面的事情就跟维京人没什么关系了。而维京人在英格兰的辉煌自克努特之后宣告结束。此后的"征服者"威廉等身上虽然流淌着维京人的血，但并不是全部维京人的血统，只能算是维京人的后裔。

埃玛王后是个很厉害的女人，她的两任丈夫和两个儿子都成了国王。第一任丈夫埃塞尔雷德二世是英格兰国王，第二任丈夫克努特是北海大帝；两个儿子哈德克努特和"忏悔者"爱德华都相继成了英格兰国王。

## "忏悔者"爱德华没有子嗣

"忏悔者"爱德华是盎格鲁－撒克逊的威塞克斯王朝的王裔，其母亲是曾嫁给克努特的埃玛，但他从小生活在诺曼底宫廷。公元1041年，38岁的"忏悔者"爱德华才回国继承王位。因其毕生心血都注入了修道院中，对基督教信仰有无比的虔诚，因此被称为"忏悔者"。他认为男女之事是对上帝的亵渎，所以没有子嗣。

"忏悔者"爱德华始终不育，王储问题备受瞩目，大家忧虑他去世后招致维京人入侵，这是那个年代英格兰人最恐惧的祸事。公元 1051 年，在诺曼底公爵威廉访英期间，"忏悔者"爱德华曾答应让威廉继承他的王位。而爱德华的内弟、另一个王位的有力竞争者哈罗德被困在诺曼底公国时，也曾承认过威廉对英格兰王位的继承权。

◉ "忏悔者"爱德华

这是中世纪教堂彩色玻璃上的"忏悔者"爱德华形象。

## 来自诺曼底的维京后裔："征服者"威廉

公元 1066 年，"忏悔者"爱德华去世，贤人议会推选威塞克斯家族最后的男丁、爱德华的表亲埃德加继承英格兰王位。但是哈罗德没有遵照议会的决定，也没有信守同威廉的誓言；他集合自己的党羽，在约克大教堂举行加冕仪式，自立为王，称哈罗德二世。哈罗德的行为引起了威廉的震怒，于是起兵夺取英格兰王位。同时，哈罗德的兄长托斯蒂格也以平分英格兰为条件获得了挪威国王哈拉尔三世的支持，从而引发了英格兰王位争夺战的三方争霸。

### 将篡位者打败

威廉一面怒斥哈罗德背信弃义篡夺王位，一面着手集结远征部队。同时依靠外交活动获得了国际支持，除了他的岳父佛兰德斯伯爵外，他还赢得了教皇亚历山大二世的支持，

根据传说，"忏悔者"爱德华死前，曾用手指指过当时英格兰的辅政近臣哈罗德，至于他是什么原因，那就不好说了，但是却被哈罗德解释为先王要将王位传给自己，于是就有了哈罗德迅速继位的事情。

诺曼底公爵的儿子吉约姆二世（就是下文所说的"征服者"威廉）尽管因私生子的身份而颇令人诟病，但没妨碍他继承父亲诺曼底公爵的爵位，另外，加上自己的努力，早在公元 1050 年他就被西欧各地的统治者认为将在未来拥有巨大的权势。

因而获得了一面代表教廷的圣十字旗，使自己成为正义的一方。

受此影响，神圣罗马帝国皇帝亨利四世与丹麦国王斯温二世也站在威廉一边。这让威廉的声望大涨，他毫不费力地集结了一支庞大的舰队，舰只达到了696艘，舰队运载的军队除了包括来自威廉自己的领地诺曼底和曼恩的军队之外，还有大量的雇佣军，以及来自布列塔尼、法兰西东北和佛兰德斯的盟军和志愿者，加上少部分来自法兰西其他地区和诺曼人在南意大利的殖民地军队。哈罗德也征召了一支军队防守英吉利海峡，以阻止威廉的登陆。

对威廉幸运的是，他的横渡计划被长达8个月的恶劣大风所推迟。在等待期间，威廉设法把他的军队保持在一起。但是哈罗德的军队由于粮草供应不足和收获季节到来，导致士气下降而减少，他于9月8日解散了军队。之后哈罗德于9月25日再次召集军队击败了哈拉尔三世和托斯蒂格。

公元1066年9月27日，威廉的舰队终于起航，9月28日在英格兰的佩文西海湾（萨塞克斯）登陆。威廉从那里前往向东几英里的黑斯廷斯，在那里筑起了预制的木制城堡作为军事行动的基地。他从那里劫掠内陆地区，对肯特和萨塞克斯地区进行扫荡，以此引诱哈罗德前来决战。哈罗德率领一支由8000人组成的英格兰军队迎战，二人爆发了黑斯廷斯战役，结果哈罗德在战斗中阵亡，威廉扫清了继承英格兰王位的一

> 黑斯廷斯战役后，"征服者"威廉从诺曼底公爵变成了英格兰国王，直接使得法兰西的封地诺曼底脱离了法兰西，成了英格兰王国的一部分，这为14世纪英法百年战争的爆发埋下了伏笔。

◎ **黑斯廷斯战役**

在黑斯廷斯战役中，哈罗德被弓箭射中，受到了致命伤。通常认为他的眼睛被一支弓箭穿透，但是诗人卡门认为哈罗德被威廉亲自带领的诺曼骑士砍成了碎片。贝叶挂毯中显示了哈罗德被诺曼骑士砍倒的画面，与诗人卡门的描述相符。

切障碍，同时也是以来自斯堪的纳维亚的维京人后裔诺曼人的身份，对英格兰人的一次征服。在此之后1000年的英国王室仍流淌着威廉的血脉。

### 威廉一世在位时对英格兰的贡献

黑斯廷斯战役获胜后，威廉直取伦敦，12月25日在威斯敏斯特教堂加冕为英格兰国王，称威廉一世（号称"征服者"威廉），有时叫"杂种威廉"，开启了英格兰的诺曼王朝。

威廉一世在刚上位时，为了镇压国内盎格鲁－撒克逊人的叛乱，将英格兰的1/5土地作为自己的领地，将手下的骑士封为男爵，分别派驻各地镇守，并在全国修建了很多城堡。伦敦塔和温莎城堡都是在那个时期修建的。

◉ "征服者"威廉

威廉夺得英格兰王位之后的300年中，英格兰的贵族中开始流行说法语，因为"征服者"威廉成长于法国的诺曼底，所以法语得到了重视，这也是为什么现代英语中有许多法语演变而来的词汇的原因。

◉ 温莎城堡

温莎城堡位于英国英格兰东南部区域，目前是英国王室的家族城堡，也是现今世界上有人居住的城堡中最大的一个。

这座城堡是"征服者"威廉统治时期建造的，在温莎城堡中央的高岗上耸立着一座圆塔，这是古代的炮垒，现在城垣上还设有古炮。

威廉一世改变了英格兰的历史进程，不论是商业、宗教或文化上，都由以往趋向斯堪的那维亚的风俗，变成了和欧洲相承继的局面。他引入了法语和法国的生活习惯，其中一些词汇和习俗对英格兰产生了很大的影响。同时，威廉一世也改变了英格兰以农业为主的社会模式，引入欧洲的封建制度，如骑士取代了家奴的地位，农夫地位也降为农奴阶级。

威廉一世执政期间，还致力于保护那些不受法律保护的、受尽歧视的犹太人。因为犹太人一直有着较高的艺术修养和较多的财富，这些都是他需要的，也是英格兰人需要的。在威廉一世的大力支持下，英格兰人跟着犹太人学会了建造石头房屋，同时用精美的木头装扮房屋内部，形成了本土特有的建筑业；英格兰人还通过犹太人开始学习自然科学，并开创了科学启蒙的时代，经过一个半世纪的发展，英格兰自然科学等都已经非常发达，诞生了罗吉尔·培根这样的思想家、科学家。

◉ 罗吉尔·培根

英国早期的一位哲学家和科学家、方济各会修士、实验科学的前驱和英国牛津大学的教授。具有广博的知识，素有"奇异的博士"之称。

"征服者"威廉改变了英格兰的历史进程，甚至连英语都发生了改变，大量新的词汇加入英语中。他将许多新事物带入了这个孤岛，如陪审制度，后来英国法律自成体系，就是以此发端的。

## "征服者"威廉死后的王位之争

在中世纪，君主更迭是国家最危险的时候。公元 1087 年 7 月，"征服者"威廉在镇压长子罗伯特·柯索斯反叛时落马受重伤，9 月 9 日在鲁昂的圣热尔韦女修道院去世。罗伯特·柯索斯继承了家族在法国的领地诺曼底，成了新一任的诺曼底公爵；而英格兰王位则由"征服者"威廉的次子威廉二世继承；小儿子亨利却没有分得合适的领地，这让他的心里难免有点不舒服。

### 威廉二世穷奢极欲

威廉二世拥有欧洲人最显著的特点，那就是面色红润，因而又被称为"红脸汉"。为了自己的王位不发生意外，他快马加鞭地从鲁昂出发，前往威斯敏斯特教堂举行加冕礼。为了赢得声望，他把父亲威廉一世遗留的大量财富赠送给教会，并向其治下的每个县郡发放 100 英镑，用来接济穷人。

"征服者"威廉像个守财奴一样一辈子简朴"存钱"，到了威廉二世时期风向大变，大兴穷奢极欲之风。威廉二世的宠臣兰那夫·弗兰巴德喜爱法国的时尚事物，所以英格兰宫廷无论是服装、娱乐，还是建筑、装饰，均向法国宫廷看齐，极其奢华。

在兰那夫·弗兰巴德的建议下，威廉二世最先建造了奢华的达勒姆城堡和大教堂，后来又在泰晤士河畔建造了威斯敏斯特大厅，这是一座当时欧洲顶级奢华的建筑。

## 为满足极奢的生活，威廉二世大肆敛财，使得贵族反叛

极致奢华需要大量的财税供给，为了敛财，

◉ 英格兰国王威廉二世

威廉二世是个具有战斗力的军人，但他也是一个冷酷无情的统治者。

◉ 达勒姆城堡和大教堂

达勒姆城堡和大教堂位于英国达勒姆郡，是英国最典型的诺曼式教堂，耸立在威尔河湾陡峭的石坡顶上。达勒姆城堡和大教堂被认为是英国最大、最杰出的诺曼式建筑遗产，其拱顶的大胆革新已预示着哥特式建筑的诞生。达勒姆城堡和大教堂内有为数众多的具有历史与建筑价值的遗迹，1986年作为文化遗产列入《世界遗产名录》。

威廉二世没收了反对派大贵族的所有收入，将其充公，更过分的是到了公元1089年，坎特伯雷大主教兰弗朗克去世，威廉二世为了收缴他的财产，竟将此职务空置。

为了敛财，威廉二世无所不用其极，导致许多贵族对他心怀不满。终于，威廉二世的叔叔奥都首先跳了出来。奥都有财有势，害怕自己的财富被侄子威廉二世搜刮，于是开始支持威廉二世的哥哥罗伯特·柯索斯。此外，除了奥都，其他英格兰贵族和属地贵族也都站到了罗伯特公爵那边。这对威廉二世来说是个坏消息。公元1088年，拥护罗伯特的贵族们发动叛乱，而威廉二世凭借手中的银子和对建立更好的政府的许诺获得了英格兰人民的支持，镇压了叛乱。罗伯特没能在英格兰重整旗鼓，从此再也没有踏上英格兰的土地。公元1090年，威廉二世进攻诺曼底，摧毁了罗伯特的抵抗力量，并强迫他放弃了自己的一部分领地。两兄弟事后达成了一致，威廉二世同意帮助罗伯特恢复他在法国的失地，特别是法国的缅因省。

## 罗伯特参加了十字军东征，威廉二世被冷箭射死

公元1095年，教皇乌尔班二世宣布发动第一次十字军东征，呼吁欧洲各国搁置国内纷争，全力夺回圣城耶路撒冷。

公元1096年，威廉二世的哥哥罗伯特参加了第一次十字军东征。他需要支持这次冒险活动的资金，于是向威廉二世抵押了诺曼底公国，以换取10 000马克的贷款，这等于威廉二世整年税收的1/4。在罗伯特出征在外的时候，威廉二世以摄政王身份统治诺曼底公国。公元1100

⊙ 教皇乌尔班二世

教皇乌尔班二世是中世纪四大拉丁神父之一，他在神圣罗马帝国皇帝的重压下另辟战场，发起了十字军东征，重振了教皇的权威。

年 8 月 2 日，威廉二世在一次围猎中被冷箭射中，当场死亡。而罗伯特一走 5 年，一直到威廉二世死后一个月后才回到诺曼底。

威廉二世死后，由于他终生未娶，也没有私生子，而他的大哥罗伯特又出征在外，所以他的弟弟亨利抢先在威斯敏斯特教堂加冕为国王，称为亨利一世，也被称为"儒雅者"亨利。亨利一世在加冕礼上承诺废除威廉二世的许多不合民意的政策，这让他获得了英格兰人的支持。

罗伯特对于亨利一世继承英格兰王位十分不满，他于公元 1101 年发起对亨利一世的进攻，双方互有胜负，获得英格兰人民支持的亨利一世于公元 1106 年渡海至法国，在坦什布赖战役中击败并俘虏了哥哥罗伯特，将他判处终身监禁并关押在迪韦齐斯，后又改押在卡迪夫。

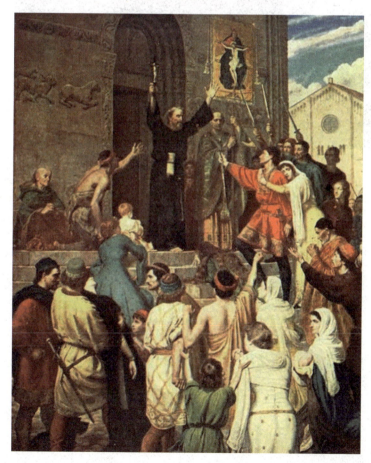

◉ 第一次十字军东征

公元 1095 年 11 月 27 日，教皇乌尔班二世号召教徒拿起武器，夺回圣城耶路撒冷，参加远征的人可获赦罪，战死疆场者可升入天堂。

### ◉ 安条克之围

威廉二世的哥哥诺曼底的罗伯特·柯索斯公爵作为十字军的一支主力，参与了著名的安条克之围。安条克作为拜占庭帝国在叙利亚最后的要塞，被穆斯林攻占。第一次十字军东征期间，十字军于公元1097年和1098年包围了穆斯林掌控下的安条克，虽然最后攻克了城堡，但是期间十字军中发生了严重的饥荒，导致1/7的士兵饿死。

罗伯特、威廉和亨利三兄弟之间感情不和源于公元1077年或1078年发生在雷加的一段往事：威廉和亨利因为无聊想要作弄一下罗伯特，他们在楼上的门廊上对准罗伯特泼污水。这一行为激怒了罗伯特，他深以为耻，导致三兄弟间的争吵，最后他们的父亲威廉一世都被迫介入，在他的调解劝和下才勉强恢复了兄弟间的关系。

亨利一世认为国家必须要有固定的制度。在亨利一世统治期间，他有位顾问叫罗杰，以"首席法官"身份治理英格兰，由他开始有了年度纳税的制度。就像我国明朝朱元璋时代一样：每年开春，郡县官员会预估当年的收成或者税金，到第二年3月，将自己预估的固定数量上交国王，完不成则需要说明原因，否则就会有特定的惩罚。

# 第三章
# 金雀花王朝

公元 1120 年，亨利一世的儿子、王位继承人威廉·艾德林在乘坐皇家轮船"白轮船"号从诺曼底返回英格兰时不幸溺死。失去了唯一的继承人后，亨利一世不得不宣布其女儿玛蒂尔达公主为王位继承人，同时拥有法国诺曼底封地，而且亨利一世逼迫贵族宣誓效忠其女儿。这样的做法不仅激化了贵族与下一任国王的矛盾，而且在英格兰传统上还从来没有女王的先例，这为日后的祸患埋下了种子。

## 亨利二世创立金雀花王朝

### 斯蒂芬与玛蒂尔达公主争夺英格兰王位

玛蒂尔达公主的第一任丈夫是神圣罗马帝国皇帝亨利五世，但他在玛蒂尔达 26 岁时就死了，接着她又嫁给了法兰西的安茹伯爵富尔克年仅 14 岁的长子杰弗里（后来的安茹伯爵戈德弗鲁瓦五世）。

公元 1135 年，亨利一世在诺曼底去世，他死前又将王位传给了外甥布洛瓦的斯蒂芬，此时英格兰王位的合法继承人就有两个：一个是嫁给安茹伯爵的玛蒂尔达公主，另一个就是布洛瓦的斯蒂芬。双方因王位之争爆发了长达 15 年的内战，史称"混乱时代"。

亨利一世死后，斯蒂芬第一个赶到英格兰宣布继承舅舅的王位，玛蒂尔达公主也从法兰西赶回，与已经继承王位的

◉ 英格兰国王亨利一世

◉ 亨利五世

神圣罗马帝国皇帝亨利五世（1106—1125 年），亨利四世和默林女伯爵的次子，公元 1111 年加冕为帝。亨利五世在位期间，罗马教皇和皇帝互相敌视，混战不休，德意志诸侯则利用皇帝和教皇的矛盾，自行扩张他们的领土和主权，德意志王权衰微，从此开始了德意志诸侯林立的时代。亨利五世的妻子是英王亨利一世的女儿玛蒂尔达，他死后无嗣，皇位落到了亨利五世的政敌、萨克森公爵洛泰尔二世手中，萨利安王朝结束。

⊙ 中世纪捕捞七鳃鳗的油画

据传说英格兰国王亨利一世因过度食用七鳃鳗而在痛苦中死去。

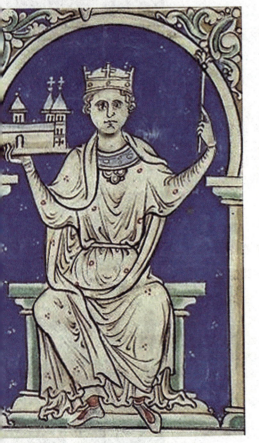

斯蒂芬作战。公元 1138 年，玛蒂尔达的支持者被斯蒂芬的大军击败。第二年，玛蒂尔达再次抵达英格兰，一些主教和贵族们便开始转到她的阵营。公元 1141 年，双方军队在林肯交战，此战斯蒂芬落败，玛蒂尔达当上了英格兰女王。但很快斯蒂芬卷土重来，玛蒂尔达在牛津城堡被围，敌人来势汹汹，女王只得乔装打扮，趁着月色徒步穿过冰封的泰晤士河才逃出生天。

## 小亨利遇到了他生命中最重要的女人

公元 1148 年，玛蒂尔达回到安茹，而此时她的儿子小亨利已经 9 岁了，玛蒂尔达将夺取英格兰王位的大任转交给了儿子小亨利。

小亨利身材魁梧，长着一头红发，据说有一副非常好的相貌，是一个"面容令人百看不厌"的美男子，又称为"短斗篷亨利"。

公元 1157 年，小亨利（18 岁时）以领主的身份正式拜见法兰西国王路易七世及其 29 岁的妻子埃莉诺王后。

斯蒂芬的两个儿子都没有后代，只有次女玛丽有后代，而且都很有名。

后来的勃艮第公爵无畏的约翰、好人腓力、大胆的查理、神圣罗马帝国皇帝查理五世、法兰西国王路易十五等都是玛丽的后代；爱德华三世的王后海诺尔特的菲利帕是玛丽的五世孙女，所以爱德华三世以后的英格兰国王都是斯蒂芬的后代。

⊙ 斯蒂芬

斯蒂芬，英格兰诺曼王朝最后一位国王（1135—1154 年在位）。威廉二世和亨利一世外甥，法国的布洛瓦伯爵之子，母亲是威廉一世的第 4 个女儿。

斯蒂芬从小被送到舅舅英格兰国王亨利一世的宫廷抚养，并得到舅舅的宠爱。之后又继承了法国的莫坦伯爵和布劳涅伯爵的爵位和封地。

英格兰国王亨利一世死后，他第一个赶到英格兰宣布继承王位兼领诺底公爵爵位。

埃莉诺王后同时也是阿基坦女公爵，据称在嫁给法兰西国王路易七世之前，是整个欧洲的男人都想娶的女人。她年轻时还曾率领军队参加过第二次十字军东征，就是这样的一个女人对小亨利一见钟情，随后两人发展为情人关系，埃莉诺王后还向教皇提出要与路易七世离婚（理由是生育问题），第二年她便成功地嫁给了小亨利。这令欧洲各国震惊不已，但木已成舟，路易七世也无能为力，只能眼睁睁地看着埃莉诺给小亨利生了8个孩子。

小亨利从母亲那里继承了法国的诺曼底公国，又从父亲那里继承了安茹，还得到了埃莉诺作为嫁妆的阿基坦，这让他成了法兰西最大的领主，而他与路易七世的宿怨也越来越深。在小亨利的大部分生命里，他都企图以武力或智力战胜路易七世。

◉ 阿基坦女公爵埃莉诺

阿基坦女公爵埃莉诺是法兰西国王路易七世和英格兰国王亨利二世的王后，英王理查一世（"狮心王"）和约翰（"无地王"）的母亲，也是中世纪欧洲最有财富和权力的女人之一。

## 小亨利顺利加冕为英格兰国王

小亨利第一次来到英格兰是在公元1142年，以支持其母亲玛蒂尔达对英格兰王位的要求，但玛蒂尔达最终未能从布洛瓦的斯蒂芬手中夺得王位。不过根据斯蒂芬与玛蒂尔达的一项协定，即斯蒂芬死后，由小亨利继承英格兰王位。公元1154年，斯蒂芬死了，小亨利顺利登上了英格兰王位，为了与外祖父亨利一世相区别，在历史上小亨利被称为亨利二世。

◉ 法兰西国王路易七世

路易七世与神圣罗马帝国皇帝康拉德三世一起领导了第二次十字军东征（1147—1149年），这次东征并无成果。而且更为严重的是，此次东征导致了他和埃莉诺王后的矛盾，由于东征开支浩大，王室入不敷出，埃莉诺王后坚决反对该次行动，最终导致两人在公元1152年离婚（埃莉诺和路易七世离婚的另一个原因是她和路易一直没有生下孩子，但埃莉诺改嫁英王亨利二世后，给亨利二世生了8个孩子）。

由他所创立的金雀花王朝是英格兰中世纪最强大的封建王朝。该王朝本名叫安茹王朝，但是因为纹章用金雀花的小枝做装饰，所以人们通常称为金雀花王朝。

◉ 英格兰国王亨利二世

亨利二世是金雀花王朝的首位英格兰国王（1154—1189 年在位）、诺曼底公爵（1150—1189 年在位）、安茹伯爵（1151—1189 年在位）及阿基坦公爵（1152—1189 年在位），号称"短斗篷亨利"，他所创立的金雀花王朝是英格兰中世纪最强大的一个封建王朝。

## 亨利二世对英格兰的改革

亨利二世在英格兰进行了一系列改革。

在军事上，亨利二世命令骑士交纳免役金（"盾牌钱"），同时通过其他手段使王室领地收入提高，再用这些钱招募建立了一支装备精良的常备军。在作战时间上不再受传统骑士役规定的 40 天固定服役期的限制。除了改革封建军队之外，亨利二世还改革了英格兰在诺曼征服前存在的民兵制度。根据他的指令，每一个自由人都必须拿起武器来保护国王。民兵的武器是世袭的，禁止剥夺。

在司法上，亨利二世扩大了国王法庭的权力，他于公元 1178 年组成中央常设法庭，还设立巡回法庭和陪审制度，接受民间诉讼。

在经济上，亨利二世于公元 1188 年在英格兰实行什一税。

什一税是欧洲基督教会向居民征收的宗教捐税。公元 6 世纪，教会利用《圣经》中农牧产品的 1/10 "属于上帝"的说法，开始向基督教信徒征收此税。所征实物按产品性质分为大什一税（粮食）、小什一税（蔬菜、水果）、血什一税（牲畜）等。税额往往超过纳税人收入的 1/10，负担主要落在农民身上。

◉ 萨顿胡古墓中出土的古英格兰最早的头盔

## 贝克特为小王子提亲

公元 1155 年，托马斯·贝克特在坎特伯雷大主教西奥巴尔德的推荐下，被亨利二世任命为英格兰的大法官，成为年轻国王的密友与重臣，负责为国王处理复杂的宫廷和政府事务。

自此，贝克特迅速成为金雀花王朝的风云人物，很多权贵甚至亨利二世自己都把孩子送到贝克特家里接受教育。

托马斯·贝克特出身于商人家庭，在苏塞克斯的修道院和伦敦的文法学校接受了早期教育，在巴黎学习神学和法律——这是中世纪文人所必然要接受的教育。在机缘巧合之下，贝克特后来为坎特伯雷大主教西奥巴尔德服务。他的文书工作非常出色，得到西奥巴尔德的赏识，被提拔重用。公元 1154 年，贝克特成为坎特伯雷总执事。在总执事任上，贝克特与亨利二世结识。这一年，意气风发的国王 20 岁出头，贝克特也才 36 岁。

⊙ 托马斯·贝克特

托马斯·贝克特是英格兰国王亨利二世的大法官兼上议院议长，坎特伯雷大主教。

⊙ 坎特伯雷教堂

坎特伯雷是一座位于英国东南部的非都市城市，在英格兰，坎特伯雷被人们形象地比喻为基督教信仰的摇篮。英王的加冕礼常由坎特伯雷大主教主持，大主教还拥有管辖众多主教区的权力。作为大主教驻地，坎特伯雷成了英国的宗教中心、基督教信仰的摇篮。

按中国人的逻辑，这桩婚姻怎么也无法成功，亨利二世夺取了路易七世的妻子，路易七世又怎么可能将女儿嫁给亨利二世的儿子呢？但在中世纪欧洲皇家、贵族缔结的婚约通常是政治联姻，一切都不那么单纯。

托马斯·贝克特创造了英国第一部法典，也就是普通法（Common Law），这是英国案例法的起源。

⦿ 亨利二世发行的银便士

鉴于王国内战多年，银便士的打制发行没有很好的控制，不合法银便士充斥市面，亨利二世命令全面废除市面上的银便士，于公元1158年发行了全新设计的银便士。

公元1158年，贝克特携大法官头衔，带领一支盛装队伍进入巴黎，他此行的目的是为亨利二世的儿子理查和法兰西国王路易七世的女儿玛格丽特公主缔结婚约。贝克特深知此行任务艰巨，于是通过这支求亲队伍向法兰西人展现了英格兰强大的一面，在威廉·菲茨斯蒂芬所著的《编年史》中这样描述：

坎特伯雷教堂玻璃花窗上身披绿色斗篷的托马斯·贝克特形象。

"他（贝克特）的扈从有200位骑士、文书、仆役、佣人，他们整齐排列，身着光鲜的服装，他还带了大量的衣服、丝绸斗篷作为礼物……他的车队里有两辆车运送啤酒，这对只知道葡萄酒的法兰西人很新鲜……队伍最后由250人组成，几人一排唱着英格兰风格的歌曲，之后是携带猎犬与鹰隼的人，之后是携盾的武士和牵着马的骑士……抵达巴黎后，他向每一位贵族、骑士、绅士、学者乃至市民馈赠餐具、衣物和金钱。"

面对这样的实力，路易七世虽然与亨利二世有宿怨，但是依旧欣然同意了婚约，并许诺金雀花王朝小王子理查（理查一世）与玛格丽特公主结婚后，将会获得法兰西的一些城堡作为"嫁妆"。

## 亨利二世受到"天谴"

亨利二世和埃莉诺共生了5个儿子，除了长子威廉早夭之外，共有4个儿子长大成人。二儿子小亨利深受亨利二世喜爱，被立为英格兰王储、诺曼底公爵、安茹伯爵；三儿子"狮心王"理查被封为阿基坦公爵，继承了母亲的领地，这也是埃莉诺最喜爱的儿子；四儿子杰弗里继承布列塔尼公国；小儿子约翰出生后，领土已经分得差不多了，于是就将征服的爱尔兰分给了他。

亨利二世和埃莉诺的感情随着时间的推移变了味，他开始专宠年轻的情妇罗丝蒙德，并且连生了3个私生子。在生下小儿子约翰之后，埃莉诺就回到了阿基坦。

公元1173年，因为父母失和，小亨利、理查和杰弗里3兄弟站在母亲埃莉诺一边对父亲开战，还联合了法王路易七世，但是很快他们就被亨利二世打败了。亨利二世宽恕了他们兄弟几个，却囚禁了他们的母亲。亨利二世认定自己的妻子怂恿儿子们反对他，遂秘密请求教皇允许他与埃莉诺离婚，未获同意。

◉ 亨利二世的忏悔

这场战争持续了一年左右，虽然亨利二世取得了胜利，但是他在杀害贝克特的事情上心有愧疚，笃信这是上帝给他的"天谴"，在战争中他前往坎特伯雷教堂，接受了所有在场主教的鞭笞——每人至少在国王身上抽3下。亨利二世向上帝发誓自己没有杀害贝克特的意思，双眼不合的祈祷斋戒了3天，请求宽恕。

公元1188年，亨利二世的儿子理查联合新法王腓力二世

绝罚是教会制裁的一种形式，即将某人从信徒团契中排除，不许他参加教会的圣礼，剥夺他作为教会成员的权利，但不一定剥夺他现有的教会成员身份，是神职人员和教徒所受的重大处分。按天主教神学所说，受此处分者死后不能升天。在中世纪欧洲，遭绝罚者无人能同他往来，教皇曾以此对付世俗帝王。绝罚按不同程度分三种：自我施行的绝罚；教会禁止参与圣事的绝罚——同时神职人员亦不可为其举行圣礼；教会禁止与信徒交往的绝罚——信徒们也要回避之。

再次叛乱。这一次，亨利二世再也没有精力对付自己的儿子了。第二年，亨利二世带着众叛亲离的悲痛在法国希农离开人世，死后葬在法国，这距离贝克特离世已经过去了 20 年。

### 吵架吵出来的牛津大学

牛津大学是英语国家中最古老的大学。在 12 世纪之前，英国是没有大学的，相传公元 1167 年英格兰国王亨利二世同法兰西国王路易七世发生争吵，亨利二世一气之下召回了在巴黎的英国学者，并且禁止他们去法国进行讲学或从事研究。这批英国学者被安排到了牛津，从而使牛津迅速发展成为英国经院哲学教学和研究的中心。

于是，继博洛尼亚和巴黎之后，牛津成了欧洲的第三个学术研究中心，这实际上就是牛津大学的雏形。

另一种说法是，公元 1167 年两位国王争吵完后，英国的学者就被路易七世赶出了法国。

## "狮心王"理查一世的传奇一生

公元 1189 年 9 月，理查在威斯敏斯特教堂举行盛大的加冕仪式，史称理查一世，绰号"狮心王"。之后他释放了被父亲亨利二世囚禁的人。理查一世虽然出生于伦敦，但在法国长大，终其一生都不会说英语，所以他

◉ "狮心王"理查一世东征

对英格兰并不是那么热情。他只想从英格兰捞钱，支撑自己参加第三次十字军东征的事业。他曾说过："如果能找到买家，我愿意出售伦敦。"

## 热衷战争、搁置内政的英雄国王

加冕礼4个月后，理查一世便离开了英格兰，率十字军前往巴勒斯坦，而英格兰的内政则由他的母亲埃莉诺和王弟约翰代理。这位热衷圣战（即第三次十字军东征）的国王，为了能够在英格兰搜刮到更多的资金，命令约翰及大臣们在英格兰境内实施高税收政策。

第三次十字军东征的规模是历次东征中最大的，由英格兰国王"狮心王"理查一世、神圣罗马帝国皇帝"红胡子"腓特烈一世还有法兰西国王"狐狸"腓力二世挂帅出征，穆斯林那边的主帅则是埃及阿尤布王朝的萨拉丁。

理查一世远征巴勒斯坦，并未收获他想象的荣耀。几路人马浩浩荡荡，不料神圣罗马帝国皇帝"红胡子"腓特烈一世在以少胜多击败突厥人后在小亚细亚坠水而亡，神圣罗马帝国军队随即散去大半。英法联军经海路到达圣地，前进到阿克城。理查一世和腓力二世爆发了冲突，腓力二世也撤军回国了，只剩下理查一世孤军作战。到了公元1192年，理查一世被迫与萨拉丁谈判，谈判的结果是准许非武装的天主教朝圣者自由前往耶路撒冷朝圣，基督徒可以保留先前收复的领地，十字军国家与伊斯兰国家互开商路。

就在这时，英格兰国内传来消息，约翰推翻了理查一世任命的摄政威廉·朗香，这对他的统治造成了严重威胁。

◉ "狮心王"理查一世和法兰西国王腓力二世一起接受穆斯林守军的投降

◉ 法兰西国王腓力二世

腓力二世是卡佩王朝的第7任君主，法兰西国王路易七世之子，母亲为香槟的阿黛勒，生于巴黎。腓力二世通过努力，使法兰西王权由弱转强，王室领地扩大了3倍，使法国向中央集权迈出了最关键的一步。

◉ 迪恩施泰因城堡
◉ 迪恩施泰因城堡

公元1192年，"狮心王"理查一世在东征回程途中，被奥地利公爵利奥波德五世俘虏，囚禁在迪恩施泰因城堡。在理查一世被囚禁期间，法兰西趁机夺走了英格兰在法兰西境内的诺曼底领地。

◉ 奥地利公爵利奥波德五世

## 犹如西天取经般的回国之路

约翰企图谋反得到了法兰西国王腓力二世的帮助。腓力二世为什么会帮助约翰谋反呢？

这是因为在公元1191年，理查一世结婚了，娶的是塞浦路斯的贝伦加丽亚，而他在12岁时就已经与腓力二世的妹妹玛格丽特公主订有婚约，而如今玛格丽特公主33岁了，理查一世却娶了别人，只字不提与玛格丽特公主的婚约。加上英格兰的版图越来越大，而且在法兰西腹地还有大量的英格兰属地，这些仇怨使得腓力二世参与了英格兰的王位内乱之中。

当理查一世得知约翰已与腓力二世联手后，便快马加鞭地返回英格兰。他首先来到了德国境内，德国皇帝亨利六世因为西西里归属问题与理查一世有隙；好不容易过了德国边境，来到奥地利，而奥地利公爵利奥波德五世也因为东征中的纠纷对他恨之入骨，如今有了报仇的机会，当然不容错失。

公元1192年秋，理查一世化装成商人，企图通过奥地利进入英格兰，在维也纳附近被人识破，成为奥地利公爵利奥波德五世的俘虏。第二年年初，利奥波德五世把他解送给亨利六世。亨利六世又将理查一世囚禁了近两年的时间，在要求他缴纳15万马克的巨额赎金后才予以释放。

## 被花光家底的英格兰经济

　　理查一世之弟"无地王"约翰利用其兄被俘，密谋发动叛乱，夺取王位。休伯特·沃尔特依靠忠于理查一世的贵族和伦敦市民的支持，将约翰击败。理查一世被囚禁期间托人传话到英格兰，表示如果约翰能从亨利六世手上赎回自己，便能成为英格兰王位的合法继承人。约翰欣然同意筹备赎金。

　　15万马克几乎相当于英格兰财政年收入的两三倍。为了凑足这么一大笔钱，英格兰不得不开征"皇冠税"，连同教会和外国人加一起，约翰终于在法兰西的友情资助下，凑足了这笔赎金。公元1194年3月，理查一世回到英格兰，伦敦市民热烈欢迎他的归来。理查一世赦免了约翰，并立他为王位继承人。

　　理查一世获得自由后，并没有安分下来。公元1194年，他发动战争夺回了被腓力二世抢走的诺曼底，并从公元1196年开始，在塞纳河上修建雄伟险峻的盖扬城堡，这是中世纪最著名的要塞。但这笔费用及其他军事开支使英格兰的经济雪上加霜。

　　在理查一世执政期间，他向国内下达最多的指令就是：要钱！这让英格兰的国民不堪重负，于是在修建盖扬城堡当年，就发生了抗税的暴动。

## 理查一世为钱而死，受到惩罚

　　钱对于理查一世来说太重要了，而英格兰人民已经无力再为他提供更多的财富，这时一个关于宝藏的谣言激起了他的贪欲："在法国沙露堡发现了12个黄金铸造的骑士和一张金桌。"为了获得传说中的财宝，公元1199年，理查一世率军包围了这座城堡，命令城堡主人利摩日子爵艾马尔五世交出宝藏，否则要绞杀城堡内的全部居民。他在战斗中身先士卒，不料被堡中一支弩箭射中肩头，箭伤本身并不致命，但是伤口

⦿ 亨利六世

⦿ "狮心王"理查雕像

● 战马上的"狮心王"
理查一世虽然不是一个合格的国王，但却是一个伟大的战士，战斗中身先士卒，以打仗不穿盔甲而闻名，他是英明的统帅，他的"狮心王"称号名副其实。

却发生了坏疽。公元 1199 年 4 月 6 日，理查一世在母亲埃莉诺的怀抱中与世长辞，时年 42 岁。在之前，他亲自赦免了射中他的凶手。

理查一世临终前要求部下将他的遗体分为三份，心脏、头、身体分别埋葬，其中身体埋在其父亨利二世脚下，以示忏悔。因为理查一世觉得，自己从 16 岁开始就与外人勾结，起兵造父亲的反，在父亲战败之后，逼他签下屈辱的条约，令父亲亨利二世含恨而终，自己罪大恶极，所以自罚死后没有全尸。

> 理查一世与贝伦加丽亚没有子女，私生子腓力不能继位。他最初以自己的侄子、后来成为布列塔尼公爵的亚瑟为储，后又改以幼弟约翰为储并由他继承了王位，为日后叔侄相争埋下了祸根。

## 亨利三世时期诞生了议会

约翰去世后，他年仅 9 岁的长子亨利三世即位。由国家老臣威廉·马歇尔辅佐，教廷主教瓜拉负责教育年幼的国王。威廉·马歇尔迅速组织了亨利三世的加冕仪式，并且勒令英格兰朝臣前来朝拜，他可谓是深陷战乱时英格兰唯一的希望。由于约翰在位时签下的《自由大宪章》，在亨利三世年幼期间这些伯爵可以依据大宪章，凭借御前会议，作为国王的执政人来统治英格兰。御前会议的成员包括首席政法官、王宫总监、财政大臣、大法官、大主教等，这些执政人一直统治到公元 1227 年，也就是他们一直把持朝政直到亨利三世成人。

● 制作精美的金皮带扣（萨顿胡古墓陪葬品）

## 英法战争频发

英格兰内部政局初定，威廉·马歇尔迅速组织军队与大敌法兰西交战。

自金雀花王朝建立以来，英格兰与法兰西就有着剪不断、理还乱的关系。金雀花王朝的开国君主亨利二世本是法兰西国王的臣下，到了后来英格兰的疆域居然超过了法兰西，所以只要英格兰内部稍不平静，法兰西总会趁机来咬一口。

约翰死后，新王初定之时，法兰西又来添乱，先是夺取了法兰西境内的英格兰属地诺曼底。公元1217年，法兰西的路易王子亲征英格兰。英格兰组织抵抗，法军在英格兰的进展不顺利，只得与英格兰签订和平协议，在获得1万马克的补偿金后撤退了。

## 最没存在感的国王

公元1227年，20岁的亨利三世开始亲政，他继承了父亲约翰的野心，却有着柔弱的性格，为自己的统治带来了不少麻烦。

亨利三世一亲政就抛开了御前会议，无论大事小事都按自己的决定来。贵族们对亨利三世的行为感到不安，因为他并不遵守《自由大宪章》的约定。

亨利三世亲政以后一直是个忠实的教徒，时任罗马教皇的格里高利九世与神圣罗马帝国皇帝腓特烈二世正在开战，需要大批金钱资助，亨利三世不顾英格兰国内的情况，为教皇提供了大笔钱财，不仅如

◉ 英格兰国王亨利三世

亨利三世是英格兰金雀花王朝第4位国王（1216—1272年在位）。虽然亨利三世做了50多年的国王，时间相当长，但他却是英格兰历史上最无名的国王之一。他在位时最重要的事是产生了议会。

◉ 罗马教皇格里高利九世

此，随着教皇那边战争的加剧，教皇还专门派特使在英格兰的国土上收取高额教禄（这个可以简单粗暴地理解为会费）。

到了公元 1236 年，英格兰已是民怨沸腾，暗流涌动。亨利三世并未觉察到国内的危险局势，在公元 1242 年依然发动了对法兰西的远征，企图将被法兰西侵占的国土再抢回来，但是并未得逞。

## 教皇的阴谋点燃英格兰局势

本来亨利三世远征法兰西失败后，如果休养生息，不再折腾，情况自然会慢慢变好。可自公元 1252 年起，英格兰连续三年粮食歉收，民生更加艰难。就在这时，急需大量金钱的教皇再次找到了亨利三世。

公元 1254 年，亨利三世与新任教皇英诺森四世达成一项协议，教皇允诺将西西里王位授予亨利三世的次子埃德蒙，亨利三世则需向教皇提供西西里战争的军费。当时埃德蒙只是一个尚在襁褓中的婴儿，而西西里则在神圣罗马帝国皇帝腓特烈二世的控制之下，教皇开了一个空头支票，亨利三世必须通过战争才能得到西西里王位。

为了拿到西西里，亨利三世向贵族们

⊙ **神圣罗马帝国皇帝腓特烈二世**

公元 1245 年，教皇英诺森四世在法国的里昂对腓特烈二世处以绝罚（他选择里昂是为了避开皇帝的直接军事威胁）。这使得教皇与神圣罗马国之间的矛盾更加水火不容。

⊙ **教皇英诺森四世**

罗马教廷与神圣罗马帝国皇帝腓特烈二世的矛盾已经持续多年。英诺森四世上任之后，与腓特烈二世的冲突更加明显，腓特烈二世扬言要发兵捣毁罗马教廷，废黜教宗。英诺森四世遂于公元 1244 年迁往热那亚，第二年又移至法国里昂，并在法王路易九世的支持下于 6 月 28 日—7 月 17 日召开大公会议，史称第一次里昂大公会议，会议决定对腓特烈二世处以绝罚。

征收军费，但是贵族们认为西西里距离英格兰太过遥远，这场战争胜算不大，可亨利三世固执己见，他不顾英格兰农业连续三年遭灾，仍强行摊派，要求贵族们缴纳他们 1/3 的收入作为军费。

亨利三世的无理要求激起了贵族们的武力反抗。

## 诞生了议会

公元 1258 年 4 月，以西蒙·德·孟福尔为首的男爵们全副武装去见亨利三世，要求他放弃征税，进行政治改革，以更好地遵守《自由大宪章》的要求。

2 个月后，亨利三世被迫在牛津召开了"狂暴会议"。在此次会议上，贵族们迫使亨利三世接受了《牛津条例》。《牛津条例》更进一步地限制了王权，条约规定：议会定期召开，每年 3 次；未经议会同意，国王不得任意没收土地及分配土地，国王亦不得擅自决定对外发动战争。

不仅如此，亨利三世还被迫遣散了他的外国顾问，而不得不接受议会，从此，议会这个词广泛出现在英格兰的社会生活中。

## 英国历史上第一次国会

议会制度是对王权的限制，亨利三世当然不甘心被挟制，他勉强遵守了 3 年《牛津条例》。到了公元 1261 年，亨利三世罢免了贵族们提名的最高法官，并将西蒙·德·孟福尔驱逐出国。

西蒙·德·孟福尔也不是省油的灯，两

◉ 西蒙·德·孟福尔雕像

西蒙·德·孟福尔是法国裔英国贵族，亨利三世的妹夫。率领贵族反抗亨利三世的统治，成为英格兰的实际统治者。在其统治期间，他召开了一次直接选举产生的议会，这在中世纪的欧洲还是第一次。因此西蒙·德·孟福尔被视为现代议会制的创始人之一。公元 1265 年，他在与保王党的军队作战中阵亡。

◉ 西蒙·德·孟福尔在攻城中被石块砸死

年之后，他被贵族以及支持者重新接回英格兰，打算和亨利三世在战场上见个高低。内战在即，法王路易九世进行"调解"。但是，路易九世一味偏袒亨利三世，西蒙·德·孟福尔宣布不接受法王的调解，内战终于爆发。公元1264年5月，西蒙·德·孟福尔在英格兰南部击败了亨利三世的军队，生擒爱德华王子。获胜后，西蒙·德·孟福尔得以大权在握，他建立了一个9人委员会，并于公元1264年召开"西门会议"。

公元1265年1月，西蒙·德·孟福尔在凯尼尔沃思城堡召开了英国历史上第一次国会。参加者除了男爵、高级教士和每郡两位骑士外，还有每个自由市的两位市民代表。这表明贵族与市民阶层开始联合对付国王，市民阶层开始登上英国的政治舞台。之前的议会由国王召开，而此次议会则意味着没有国王也可以召开议会，而且讨论的是国家各项事务。西蒙·德·孟福尔的议会控制了所有国家机构和法官系统。换句话说，西蒙·德·孟福尔控制了英格兰的政局，时间长达一年之久。亨利三世大权旁落，成为权臣手中的傀儡。

◉ 凯尼尔沃思城堡

凯尼尔沃思城堡是英格兰最宏伟的城堡之一。它最初建于12世纪20年代，是历史上大部分时间的皇家城堡。公元1253年，亨利三世将凯尼尔沃思城堡送给了他的妹妹和妹夫西蒙·德·孟福尔。

## 议会后的英格兰内政

在西蒙·德·孟福尔的改革慢慢推进的时候，在革命者的阵营里开始因权力的腐蚀出现了争权夺利的现象，曾经的盟友吉尔伯特伯爵离他而去，转投国王阵营，甚至出力救出被囚禁的爱德华王子。

公元 1265 年 8 月，爱德华王子组织了一支军队和西蒙·德·孟福尔的军队开战，双方爆发了伊夫舍姆战役，西蒙·德·孟福尔在此战中被杀，国王一方的军队大获全胜，亨利三世在儿子爱德华的支持下夺回了权力。

公元 1266 年，英格兰王室夺回所有权力，之后，爱德华王子渐渐成为实权人物。

公元 1272 年，亨利三世去世，爱德华王子继位成为新一任英格兰国王。金雀花王朝在历经约翰和亨利三世两朝混乱之后，终于又有一位勇武的君主登上了王位。

在伊夫舍姆战役之后，凯尼尔沃思城堡成了亨利三世的王子埃德蒙的财产，随后埃德蒙成为兰开斯特的第一位伯爵，并积累了大量的土地，形成了公国。

教会人士掩埋了西蒙·德·孟福尔的尸体，掩埋处成为圣地。西蒙·德·孟福尔作为英国议会政治的重要改革人物，长期受到英国人的尊崇。

◉ 使用抛石机进攻 – 插画

据资料记载，西蒙·德·孟福尔围攻图卢兹时所用的抛石机杆臂达到了 12 米，而其配重据说为 26 吨。

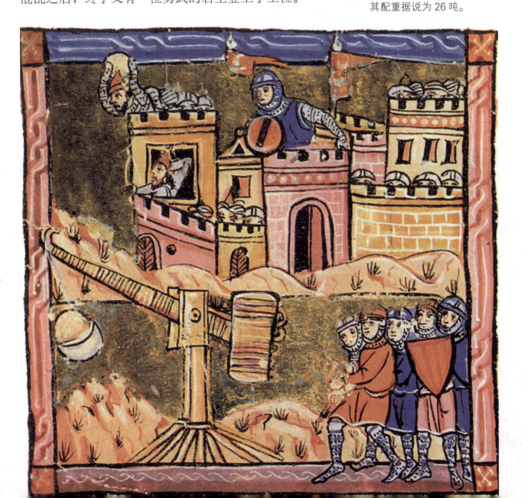

⊙ 第八次十字军东征

公元 1270 年，法兰西国王路易九世为报公元 1250 年兵败之仇，不听法兰西贵族及近臣的劝阻，率领雇佣骑士，进攻突尼斯的哈夫斯王朝。十字军在突尼斯登陆不久，全军染上瘟疫，一路上有大批士兵死亡，路易九世亦染病身亡。路易九世的儿子兼继承人腓力三世马上下令撤退。此次东征以十字军撤退而告失败收场，此后，教皇曾多次号召组织十字军，都未能实现。

十字军东征前后有 8 次，历时近 200 年，原来占领的领土逐一被穆斯林收复，从北非、小亚细亚，一直到东南欧，都成了穆斯林的势力范围。第八次十字军东征后，标志着十字军东征彻底失败。

⊙ 英国国会大厦

英国国会大厦又名威斯敏斯特宫，也称议会大厦，是英国议会（包括上议院和下议院）的所在地。位于英国伦敦的中心威斯敏斯特市，它坐落在泰晤士河北岸，邻近以白厅为中心的其他政府建筑物。它的西北角的钟楼就是著名的大本钟（大本钟已于 2012 年 6 月更名为"伊丽莎白塔"）。

# "苏格兰之锤"爱德华一世

公元 1268—1272 年，爱德华一世参加了由法兰西国王路易九世为首的第八次十字军东征，在返回途中，他获知了父亲亨利三世的死讯，时年 35 岁的爱德华继承了英格兰王位，他没有直接回到英格兰，而是在法兰西境内待了两年。公元 1274 年 8 月，他回到英格兰举行了加冕仪式。

## 爱德华一世的议会政策

爱德华一世和亨利三世不同，他并不像他父亲那样极端反对议会。因为爱德华一世年轻时曾接触了解过议会人员的议事方式，对这种制度还是比较认可的。

爱德华一世执政期间，在大法官罗伯特·伯尔内的指点下实施了一种新的议会制度：政府以百人为单位，召集陪审团对民众不满的问题进行普查和登记，并指派专门的委员会成员收集成《百户邑宗卷》，然后在议会上讨论这些问题的解决办法。这就是以《自由大宪章》为基础的《威斯敏斯特法令》。这个法令涉及土地、贸易、教会和公共秩序，其实施得到了上至贵族、骑士，下至平民百姓组成的"上、下议会"的认可，这种议会在爱德华一世执政的前15年间多次召开。

## 爱德华一世的军事改革

爱德华一世改革了英格兰的军事制度和各个兵种。他组建了一支装备精良的重铠骑兵，并开创了长弓兵的先河。之前西欧各国在军事上都是重视骑兵而轻视弓兵，而弓兵的潜力和威力在爱德华一世的手上被充分挖掘出来。同时，他创造了先用弓兵扰乱敌方战阵、骑兵再跟上冲击的战术。正是凭借他所缔造的英格兰军队和战术，几十年后其嫡孙爱德华三世横扫法兰西王国，取得了英法百年之战前期的辉煌胜利。

## 爱德华一世铁腕没收贵族非法土地

随着英格兰国内人口数量不断增多，土地问题变得尖锐起来。对于持有土地的贵族，爱德华一世没有办法没收他们世袭的家产，但可以清理他们随意占据的土地。爱德华一世上台之后，对英格兰的贵族们展开了一系列土地持有和管理资格凭证的调查。他要求贵族们必须亲自去法庭证明自己的继承权，若有不服从的，将会受到惩治。

比如，曾参加过苏格兰边界扩张运动的瓦伦纳伯爵，被检查员要求出示财产许可证时，他没有这样的证明，却挥舞着家族先辈们在黑斯廷斯战役中使用过的剑，大声说："这就是我的证明！"根据前文我们知道，在黑斯廷斯战役后"征服者"威廉得到了英格兰王位，这相当于拿祖先曾经的荣耀来说事。可是爱德华一世照样以

在爱德华一世统治期间，《自由大宪章》得到了法律化并一直延续了800年。从某种意义上讲，《自由大宪章》其实并没有削弱或者限制王权。相反，它保证了从"征服者"威廉到如今的伊丽莎白二世女王一直血脉相连——正是因为"国王也必须遵守法律"，所以英国王室才能存在。

◉ 黑斯廷斯战役

铁腕手段没收了他的一部分土地。有了这样的前车之鉴，国内的贵族们只能老老实实地服从他的命令。

## 爱德华一世征服威尔士

整顿好英格兰国内后，爱德华一世便腾出手来修理那些不听招呼的领主们。

在亨利三世与法兰西开战的时候，掌握了威尔士大半国土的威尔士王卢埃林要求独立，当时亨利三世无暇东顾，也就间接地默认了。

爱德华一世继位后，卢埃林一方面修筑新的城堡，另一方面则多次拒绝向他宣誓效忠，其借口是爱德华一世在卢埃林家族的内部纷争中，祖护阴谋篡位的卢埃林的弟弟戴维。公元1277年1月，忍无可忍的爱德华一世决定出兵威尔士，他在切斯特集合了一支超过15 000人的军队，除了士兵之外，还有海岸搬运工、修路工人和货物搬运车。

由于深知威尔士民风剽悍，地形复杂，爱德华一世决定采用罗马人的壁垒战术，即在各交通要津和战略重地遍筑城堡，并修建道路将其连成一片，在此基础上稳步向威尔士腹地挺进。同年4月，爱德华一世的大军不仅收复了被卢埃林蚕食的边界地区，占领了威尔士中部，而且还成功地切断了卢埃林的粮食供应渠道，退入山区的卢埃林被迫投降，第二年前往伦敦，屈辱地向爱德华一世行效忠礼，不过他仍然保留了威尔士王的头衔。

公元1282年3月，在爱德华一世忙于苏格兰事务时，卢埃林和戴维在威尔士联手反叛，愤怒的爱德华一世亲率大军击败了这两兄弟，同年12月，卢埃林战败后被俘，因拒绝投降而被杀。次年6月，戴维也落入英军之手，受审后以叛逆罪被处死。至此爱德华一世完成了对威尔士全境的征服，原先属于卢埃林家族的北威尔士成了英格兰王室领地，其他地方则由英格兰贵族占领。

**⊙ 爱德华一世**

爱德华一世（1239—1307年），英格兰金雀花王朝第5位国王（1272—1307年在位），亨利三世之子。又称"长腿爱德华""苏格兰之锤"（因他对苏格兰人民的镇压）或"残忍的爱德华"，金雀花王朝最重要的代表人物之一。

戴维是英格兰自公元1076年以来因叛逆罪而被判处极刑的第一人，他不仅遭受了数马分尸的酷刑，而且死后也不得入土为安，撕裂的肢体被四处悬挂示众，惨不忍睹。

## 苏格兰之锤

公元 1286 年，苏格兰国王亚历山大三世去世，因无子继承，苏格兰王位继承斗争激化。

### 有继承权的小公主病逝

根据继承法，苏格兰正统的王位继承人是亚历山大三世远在挪威的年仅 3 岁的外孙女玛格丽特。由于她年龄太小，苏格兰的贵族们决定推选 6 个监护人辅助管理王国直到她长大成人。

但她的父亲挪威国王埃里克也有自己的打算，他企图在女儿继承王位后同时控制苏格兰与挪威，不过也担心女儿在正式继位前就被苏格兰贵族们夺位。因此，他暗中找到了爱德华一世请求帮助，希望阻止除了他女儿以外的任何人染指苏格兰的王位。爱德华一世愿意支持玛格丽特加冕为苏格兰国王，但有一个条件，那就是她必须嫁给自己的儿子爱德华二世，如果这桩婚事成了的话，他的儿子爱德华二世长大后会成为苏格兰和英格兰共同的国王。

这消息一经宣布，苏格兰的贵族们愤怒了，因为这将严重影响苏格兰的独立。苏格兰的贵族们暂缓了玛格丽特婚事的决定并且要求她马上回到苏格兰，而这位小公主玛格丽特命薄，在公元 1290 年回归苏格兰的途中病逝在奥克尼岛，由此引发了苏格兰王位继承更大的纷争。

### 英格兰和法兰西再次在战场上相见

玛格丽特死后，苏格兰失去了正统的王位继承人，国内的大小贵族为了争夺王位争吵不休，期间至少有 13 名贵族跳出来抢夺王位，内战战火即将在苏格兰大地燃烧，这其中以约翰·巴里奥尔和罗伯特·布鲁斯的实力最强。

这正好是爱德华一世的机会，为了染指苏格兰，

◉ 约翰·巴里奥尔

约翰·巴里奥尔是 150 年前去世的苏格兰国王大卫一世的第五代外孙，于是成为王位继承的可能人选之一。巴里奥尔的父母及先祖都是显要贵族，不但在苏格兰有大量封地，在英格兰及法兰西都有封地。

◉ 罗伯特·布鲁斯

罗伯特·布鲁斯出生在一个苏格兰贵族世家，其父系祖先有苏格兰 – 诺曼血统，跟随"征服者"威廉从诺曼底来到不列颠岛。

### ◉ 圣安德鲁斯城堡

圣安德鲁斯是苏格兰的天主教中心，在历时半个世纪的苏格兰独立战争（1296—1346 年）中，苏格兰军与英格兰军曾在该小镇鏖战，该地要塞中的圣安德鲁斯城堡自然成为两军争夺的对象。战争后期，苏格兰军为防备英格兰军再度占领，将城堡付之一炬。战事之后，圣安德鲁斯大主教沃尔特·特雷尔（Walter Trail）在城堡原址重新建造了一座新城堡，于 15 世纪元年启用。

爱德华一世转而支持巴里奥尔，可苏格兰贵族们更倾向于布鲁斯，于是向法兰西求助。历史就像一个圆，转一圈后总会回到起点，英格兰和法兰西这两个宿敌再次在战场上相见。

法兰西站队布鲁斯，使得爱德华一世不敢贸然行动，加之英格兰此时正在与凯尔特地区开战，如果这时候再跟法兰西和苏格兰的联盟军开战，难免会腹背受敌，于是爱德华一世按兵不动，看着苏格兰局势日渐混乱。

### 约翰·巴里奥尔成为苏格兰国王

面对苏格兰的乱局，此时德高望重的圣安德鲁斯主教威廉·弗拉塞尔邀请爱德华一世来苏格兰做仲裁人。

对爱德华一世来说，这是一个控制苏格兰的绝佳机会，于是他答应了邀请，并前往爱丁堡执行仲裁使命，但他也提出了很苛刻的先决条件：所有的王位竞争者都必须承认爱德华一世是苏格兰的宗主，仲裁期间苏格兰所有的城堡都必须交给爱德华一世控制。

公元 1292 年，爱德华一世在巴克利城堡做出了最终裁决，他选择了约翰·巴里奥尔为苏格兰国王，但他不是一个独立的国王，他的王位是爱德华一世所赐的。苏格兰国王巴里奥尔在即位的次日就向英格兰国王爱德华一世行效忠礼，并尊其为苏格兰的最高宗主。

## 痛苦与不安的晚年

爱德华一世以为苏格兰臣服了，可是在公元 1296 年，由他扶持的苏格兰国王巴里奥尔便宣布不再效忠英格兰，还在当年 7 月和法兰西、挪威结盟（史称"老盟约"，这个同盟一直延续到 16 世纪，根据盟约法兰西每年向苏格兰提供补助金 5 万英镑，作为交换条件，苏格兰必须每年用 4 个月的时间同英格兰作战），试图摆脱英格兰的控制。愤怒之下，爱德华一世集结大军杀向苏格兰，不仅将巴里奥尔赶下了台，还宣布自己对苏格兰领土拥有管辖权，甚至一度将象征苏格兰王权的斯昆石搬到伦敦。这激起了苏格兰人的反抗，以威廉·华莱士为首的苏格兰贵族高举反抗大旗，虽然威廉·华莱士

◉ **巴克利城堡**

巴克利城堡坐落于英国格洛斯特郡的巴克利小镇。该城堡历史可以追溯到公元 11 世纪，已被英国文化遗产协会鉴定为一级重点保护建筑遗产。这座城堡是公元 1327 年英格兰国王爱德华二世被杀死的地方。

◉ **彩色玻璃上的威廉·华莱士**

威廉·华莱士是一名苏格兰骑士，后来成了苏格兰独立战争的重要领袖之一。战败后被英格兰国王爱德华一世擒获，下令以叛国的罪名斩首。华莱士死后，成了苏格兰独立战争的一个标志性人物。苏格兰人视其为民族英雄，在不列颠岛有好几座华莱士的纪念碑和塑像。

**斯昆石**

斯昆石又称"命运之石"，是苏格兰历代国王加冕时使用的一块砂岩。斯昆石色淡黄，呈长方形，长 26 英寸（66.04 厘米），宽 16 英寸（40.64 厘米），高 11 英寸（27.94 厘米），重 336 磅（152.4 千克）。来自爱尔兰的达尔瑞达王朝征服苏格兰之前，他们就已经有使用斯昆石作为加冕石的传统。

**爱德华二世**

他最早宠信的佞臣之一是来自加斯科涅的年轻骑士皮尔斯·加弗斯顿，爱德华二世因为把康沃尔伯爵领地赐给加弗斯顿而引起贵族们不满。

在公元 1305 年被肢解处决，但并未打击苏格兰人的反抗热情。

这时，法兰西支持的罗伯特·布鲁斯开始高举反抗英格兰的大旗，公元 1306 年 3 月 25 日，罗伯特·布鲁斯自己加封为苏格兰国王，称罗伯特一世。

爱德华一世闻讯后迅速派兵镇压，罗伯特屡吃败仗，虽然弟弟奈杰尔被杀，王后伊丽莎白、妹妹克里斯蒂娜、玛丽、女儿马乔丽都被俘虏，但是罗伯特仍组织起大批游击队与英格兰对抗，使英格兰的统治难以稳固。

眼见罗伯特越闹越凶，爱德华一世决定亲征苏格兰，但在途中染上痢疾，于公元 1307 年 7 月 7 日病死，终年 68 岁。

## 有品位的爱德华二世发展了英格兰的文化和艺术

爱德华一世死后，继承英格兰王位的是他的长子爱德华二世，他是个纨绔子弟，对于苏格兰的局势根本不予搭理。他也根本不关心、不愿管理英格兰这个强大的国家，因此大权落在了爱德华二世的最亲密朋友和情人皮尔斯·加弗斯顿的手中，后者在公元 1312 年 6 月被愤怒的贵族们处死。公元 1314 年，爱德华二世率领一支庞大的军队讨伐苏格兰国王罗伯特一世，企图再度将北方邻国置于英格兰的统治之下，然而在班诺克本战役中，英格兰大军被苏格兰人打败。爱德华二世名声受损，从此更加受到贵族的摆布。

公元 1316 年，苏格兰国王罗伯特一世带兵进入英格兰境内，并派其弟爱德华·布鲁斯征服英格兰属地爱尔兰，爱德华·布鲁斯宣布自己为爱尔兰国王。此时爱德华二世又有了两个新的宠臣：德斯彭瑟父子。他给他们分封土地的做法遭到贵族们的强烈反对。公元 1321 年，国会宣布放逐德斯彭瑟父子，而爱德华二世以武力支持德斯彭瑟父子。兰开斯特的托马斯领导贵族们发动叛乱，结果被爱德华二世打败并遭处决。爱德华二世因这次军事成功摆脱了贵族们长期的控制。公元 1323 年，爱德华承认罗伯特一世为独立的苏格兰王国的国王，从而实现了两国的和平。

◉《爱德华二世和皮尔斯·加弗斯顿》—1875 年钢版画

◉ 巴克利城堡中关押爱德华二世的房间

爱德华二世于公元 1327 年 9 月 21 日在巴克利城堡中被杀死，具体死亡方式至今未知。

德斯彭瑟父子的飞扬跋扈引起爱德华二世的王后法兰西的伊莎贝拉的不满。公元 1325 年，伊莎贝拉回法兰西安排儿子的婚事，在那里她成为一个因反对德斯彭瑟而被爱德华二世放逐的青年贵族罗杰·莫蒂默的情妇。公元 1326 年，伊莎贝拉与莫蒂默率领流亡贵族入侵英格兰。法兰西国王查理四世应该也参与了他们的合谋。入侵者与爱德华二世的国内反对者取得了胜利，他们将德斯彭瑟父子处决。

公元 1327 年，英格兰国会废黜了爱德华二世。王后伊莎贝拉逼迫爱德华二世将王位传给他们的儿子爱德华三世，众叛亲离的爱德华二世被关进巴克利城堡的大牢。

◉ 泥金装饰手抄本

13世纪的泥金装饰手抄本是手抄本的一种，其内容通常是关于宗教的，内文由精美的装饰来填充，例如经过装饰性处理的首字母和边框。泥金装饰图形则经常取材自中世纪纹章或宗教徽记。

◉ 精美泥金装饰手抄本欣赏

在爱德华二世统治英格兰的22年中，尽管他在政治和军事方面毫无建树，但在文化和服饰方面却有一定的发展。比如，他出资修建了哥特式建筑和研究泥金装饰手抄本；他还在牛津和剑桥创办了学院；下令印制精美的诗集和福音书，但是作为国王的他连王位都保不住，只能承受被赶下台的命运。

## 英法百年战争

爱德华三世在母亲伊莎贝拉及母亲的情人莫蒂默的监管下，终于迎来了自己亲政的时期。爱德华三世体格健美，继承了金雀花家族男子的勇气，他曾问他的近臣："究竟要征服多少个国家，英格兰国王才能是真正意义上的国王？"

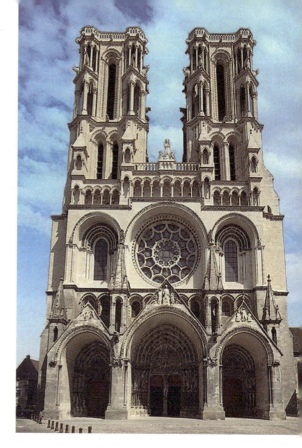

◉ 朗斯大教堂
法国的哥特式教堂建筑在整个欧洲中世纪的第二次国际性时代中（12—15世纪，哥特式时代）有举足轻重的地位。

在爱德华三世看来，与苏格兰人、爱尔兰人打仗只能算是小打小闹，缺少大规模战争的刺激。不久之后，机会来了。

## 法兰西王位之争

公元1328年，法兰西国王查理四世去世，没有留下男性继承人，这时候有3个王位继承人：一是查理四世的王后埃夫勒的让娜腹中尚未出生的婴儿，二是瓦卢瓦伯爵腓力六世（查理四世的堂兄弟），三是英格兰国王爱德华三世。爱德华三世的母亲伊莎贝拉是查理四世的姐姐，但按照法兰西的《萨利克法》，禁止女性或女性一系的继承人继承王位，所以爱德华三世继承王位的要求被拒绝。

于是瓦卢瓦伯爵腓力六世成为法兰西王位唯一合法的继承人。公元1328年5月27日，腓力六世在朗斯大教堂加冕为法兰西国王，法兰西王室世系转入瓦卢瓦支系中，史称瓦卢瓦王朝。

于是，爱德华三世与法兰西的关系势如水火。

◉ 法兰西国王查理四世
查理四世不是一位善于治理国家的国王，在他统治时期大大加重了课税，令法兰西人民不堪重负，他甚至还以没收臣民的土地作为一项收入来源。

## 斯卢以斯海战拉开英法百年战争的序幕

公元 1330 年，爱德华三世在国内贵族的支持下处死了母亲的情人马奇伯爵罗杰·莫蒂默。在巩固了统治后，再次提出继承法兰西王位的要求。公元 1330 年，在法兰西的支持下，苏格兰报复性的袭击了英格兰边界地区，同时大批海盗破坏了英格兰与欧洲大陆间的羊毛和酒水贸易。

公元 1337 年，爱德华三世自封为法兰西国王，开始入侵法兰西。公元 1340 年，英格兰海军在爱德华三世的指挥下，与法兰西海军激战于斯卢以斯，此战拉开了英法百年战争的序幕。

英格兰海军经过此战夺回了英吉利海峡的控制权，从而可以将军队输送到法兰西本土。据说当时英格兰海军使用弓弩把法军船上的士兵纷纷逼下战舰跳水逃命，被射杀的士兵的鲜血染红了海水。

自公元 1337 年爱德华三世自封为法兰西国王开始，一直到公元 1801 年，每个英国国王也都自称是法国国王。

## 克雷西大捷

斯卢以斯海战之后，爱德华三世底气十足，正式向腓力六世提出继承法兰西王位的要求，腓力六世当然予以拒绝。于是，爱德华三世率英军大举进攻法兰西。

公元 1341 年，经教皇克莱门特六世调解，英法之间曾有短暂的停战。公元 1346 年，战事再起，爱德华三世携长子"黑太子"爱德华，率军 9000 人渡海入侵法兰西，腓力六世率领3 万余人迎战。

双方军队在克雷西相遇，法军接连向英军发起了 15 次冲锋，都被"黑太子"爱德华指挥的长弓手击退，法军伤亡惨重，腓力六世也在此战中受伤，被迫退兵亚眠。英军大捷，乘胜进入诺曼底。此战堪称世界战争史上一次以少胜多的典范。

◉ 英格兰长弓手

公元 1150 年左右，由于威尔士温暖湿润，到处是森林和草场，山地民族威尔士人彪悍善战，发明了长弓。

在与威尔士人作战时，爱德华一世第一次引用了敌人的武器——长弓，直至他的孙子爱德华三世把长弓手完全引入步兵战斗序列之中，这一改变使英格兰的步兵笑傲于整个中世纪的西欧。

克雷西一战使英格兰变成了一个军事强国。它不仅是军事上的胜利，还动摇了西欧大陆的传统封建制度，在火药出现以前，英格兰的长弓手横扫天下，使纵横西欧几百年的封建骑士黯然失色。

## 爱德华三世令人发指的战争热情

公元1347年，加莱城在弹尽粮绝后向爱德华三世投降，法兰西北方的大门彻底向英格兰人敞开了。公元1348年，席卷欧洲的黑死病入侵法兰西，其1/3的人口被吞噬。公元

在英格兰进攻巴黎的过程中，遇到法兰西军队的几次偷袭。在英格兰长弓手的射杀下，法兰西人付出了近万人的生命，而英格兰则死伤1000余人。

长弓的最大优点在于其射速，一个合格的长弓手投放火力几乎相当于弩手的3倍！一些最为强悍的长弓手一分钟能射出20支箭，连早期步枪都达不到这个水平。

有资料显示，克雷西战役法军伤亡万余人，英军伤亡则不到200人。

⊙ "黑太子"爱德华

"黑太子"爱德华是英法百年战争第一阶段中英军最著名的指挥官。其"黑太子"之名的来由有二说：一说因其常穿黑色铠甲，故被称为"黑太子"。二说因其对阿奎丹公国洗劫，又在阿奎丹放纵士兵横行不法，法国人认为他心肠黑，故称之为"黑太子"。

◉ 席卷中世纪欧洲的黑死病

1350年，腓力六世死后，法兰西陷入分崩离析和社会动荡中。

此时欧洲爆发黑死病，爱德华三世并没有因此熄灭战争的热情，为了抓住对法兰西开战的机会，他甚至拒绝了竞选神圣罗马帝国皇帝的邀请。

公元1355年，爱德华三世带领"黑太子"爱德华和约翰两个儿子，向法兰西发起战争，英军沿着布列塔尼、加斯科涅和阿马尼亚克一路烧杀抢掠，然后进入法兰西南部的朗格多克，甚至放火烧毁了卡尔卡索纳。

面对英格兰人的进攻，法兰西人举步维艰。公元1356年，法王约翰二世率领军队在普瓦捷迎战"黑太子"爱德华，此战英军大胜，同时俘获了约翰二世。爱德华三世与法兰西贵族（他们各怀鬼胎）签订《加莱条约》，控制了法兰西北方的大片领土，但承诺放弃法兰西王位。

公元1359年，爱德华三世再次入侵法兰西，围攻兰斯，而后更推进到巴黎。在那里，他与法兰西的摄政王太子查理（后为国王查理五世）签署了《布雷提尼和约》，这个和约

在战后清理战场的过程中，爱德华三世父子发现了法兰西盟军波希米亚老国王卢森堡的约翰的尸体，此人是个盲人，但是作战异常勇敢。黑太子被他的精神所感动，摘下他头盔上的羽毛装在自己的头盔上。黑太子此举又进而感动了爱德华三世，他认为这是他儿子壮丽人生的开端。

约翰二世在普瓦捷战役中失败后被"黑太子"爱德华俘虏并押回英格兰，在把一个儿子安茹公爵路易一世留下做人质后，约翰二世回国去筹赎金，不料这个孩子逃跑了，约翰二世严格遵守了骑士制度的信条，他自愿返回英格兰做人质，数月后死去，因为这个缘故被称作"好人"。

朗格多克为法国南部特殊文明的中心，深受罗马文化的影响。12世纪中叶，一个接近摩尼教的阿尔比派在此取得统治地位。13世纪初叶，北部军队入侵，战争持续到13世纪中叶，朗格多克结束了政治独立。15世纪成为法国的一个行政区。这里盛产优质葡萄酒。

加斯科涅又称斯科涅，是法国西南部的一个地区，位于今阿基坦大区及南部－比利牛斯大区。

布列塔尼在诺曼底的南部，是直插大西洋的半岛。布列塔尼与诺曼底紧紧相连，其沿岸景致以低调为主：荒凉的海岸、岬角和赤裸裸的峭壁悬崖。

对法兰西不利，但它却使查理五世有时间来进行改革，使法兰西国力渐渐恢复。

公元 1364 年，查理五世正式继位后，首先拒绝承认与英国签订的《加莱条约》，查理五世的行为激怒了爱德华三世，爱德华三世再次使用法兰西国王的称号。但此时的法兰西在《布雷提尼和约》之后国力已经突飞猛进，成为爱德华三世难以对付的对手，在法兰西还出现了贝特朗·杜·盖克兰这样的优秀将领。总之，爱德华三世的战争野心从此受阻，他的扩张活动到此为止了。

◉ 爱德华三世与"黑太子"爱德华

## 昏庸的晚年，"黑太子"爱德华去世，传位给孙子

爱德华三世是一位嗜战的君主，同时也是一位英明的君主，但他在晚年却变得昏庸。公元 1369 年，爱德华三世的王后埃诺的菲莉帕去世，年迈的国王对情妇佩雷斯夫人言听计从，在情妇的怂恿下，又开始再次入侵法兰西。

爱德华三世命"黑太子"爱德华和约翰王子率军攻入法兰西。公元 1370 年，"黑太子"爱德华在法国的里摩日展开大屠杀，因为连年征战，英格兰士兵因军费问题，厌战情绪高涨。法兰西发现英军内部存在的问题后，开始与之打起持久战（费边战术）。

持久的拉锯战使得英军因疾病和饥饿损失过半，"黑太子"爱德华也身染黑死病，在这种情况下，两位王子只能返回英格兰。公元 1376 年，"黑太子"爱德华去世，爱德华三世大受打击，这个常年想入侵法兰西的男人，在失去大儿子之后，急匆匆地把王位传给了"黑太子"爱德华的小儿子理查，史称理查二世，而曾经随爱德华三世南征北战的约翰王子（兰开斯特公爵）成了摄政王。

> 里摩日在法国以生产陶瓷而闻名，是法国的景德镇。

> 费边战术指一种拖延迂回的战术，不急于达到目的，用时间拖垮敌人，这是一种把一次决战变成长期交手的策略。
> 杜·盖克兰使用费边战术拖垮了英军，同时在法国没有足够力量打败英国之前避免重大战役，让法国人重新夺回了他们在战争初期失去的多数领地。

# 第四章
# 血色玫瑰踏出大航海步伐

**15** 世纪上半叶，欧洲迎来了大航海时代。欧洲的政治格局发生了极大的变化，地中海沿岸的一些海洋共和国（如威尼斯、比萨等）逐渐衰落，走向大洋的葡萄牙、西班牙相继崛起，英格兰在内忧外患之下，也将目光投到了海洋上。

⦿ 约克家族家徽

⦿ 兰开斯特家族家徽

### 玫瑰战争

英格兰王位被来自兰开斯特家族的博林布鲁克获得后，英格兰的政局并没有安定下来。之后，兰开斯特家族和约克家族的支持者，为了争夺英格兰王位而爆发了中世纪著名的玫瑰战争。

### 玫瑰战争起因

仔细说来，两大家族都是金雀花王朝王室的分支，兰开斯特家族是爱德华三世的第四子冈特的约翰的后裔，而约克家族是爱德华三世的第五子兰利的埃蒙德的后裔。两个家族之间的对立始于英王理查二世被他堂弟兰开斯特家族的亨利·博林布鲁克推翻。

根据先例，理查二世立了爱德华三世的三子莱昂内尔的外孙罗杰·莫蒂默之子埃德蒙为王位继承人，亨利四世的继承权其实是有问题的，不过由于理查二世的统治不得人心，所以他加冕的时候得到了容忍。后来他的儿子亨利五世在英法百年战争中的军事胜利为他赢得了

"玫瑰战争"一名并未使用于当时，16世纪莎士比亚在历史剧《亨利六世》中以两朵玫瑰被拔标志战争的开始后才成为普遍用语。此名称源于两个家族所选的家徽——兰开斯特的红蔷薇（Rosa gallica）和约克的白蔷薇（Rosa xalba）。

大量支持度，强化了兰开斯特的统治权。

亨利五世统治时期，经历了埃蒙德之子剑桥伯爵阴谋夺位的事件，剑桥伯爵因叛国罪在公元 1415 年被处决，剑桥伯爵的哥哥约克公爵爱德华也在战役中阵亡，且没有后代，剑桥伯爵的儿子理查便继承了伯父的领地成为约克公爵。剑桥伯爵的妻子安妮·莫蒂默也对王位有一定的继承权，因为她是罗杰·莫蒂默的女儿，是莱昂内尔的后裔。亨利五世死于公元 1422 年，继位的亨利六世生性懦弱，而且还有精神病，因此约克公爵理查就对亨利六世的王位发起了挑战。

当亨利六世在公元 1453 年遭受第一轮精神病时，摄政理事会建立了，约克公爵理查任摄政王，理查开始加强了对王位的要求。

亨利六世在公元 1455 年的痊愈挫败了理查的野心，理查被亨利的王后安茹的玛格丽特赶出朝廷，玛格丽特王后成了兰开斯特派系的实际领袖。她建立了一个针对理查的同盟并和其他贵族密谋削弱他的影响力。遭受挫败的理查最终付诸武力，玫瑰战争因此爆发。

## 第一次圣奥尔本斯战役开启玫瑰战争

玫瑰战争中的第一场战役是第一次圣奥尔本斯战役，于公元 1455 年 5 月 22 日爆发，这本不是一场大战，但由此开始，双方的矛盾变成公开冲突。

约克家族大军在伦敦西北 30 千米处的圣奥尔本斯镇与兰开斯特派系的军队交战。约克军队获胜，击伤并俘获了亨利六世。约克公爵得以重新控制朝政，是为玫瑰战争之始。

有一条早在苏格兰和英格兰处于敌对时代的法律如今仍然有效：在约克城的老城墙范围之内，如果看见一个苏格兰人拿着弓箭，任何人都可以将他杀死而不必负法律责任，星期日除外。

◉ **亨利六世**

亨利六世是兰开斯特王朝的最后一位英格兰国王。由于他的软弱，英格兰在亨利五世时代取得的丰硕战果丧失殆尽，且陷入血腥的玫瑰战争之中。

⊙ 第二次圣奥尔本斯战役

⊙ 英格兰国王爱德华五世

英格兰玫瑰战争的混乱时期，护国公理查三世宣布加冕为英格兰国王。爱德华五世和弟弟约克公爵被理查三世关进伦敦塔。此后，兄弟俩行踪不明，据说是被理查三世杀害的。更有传说兄弟俩被国王下令填进了伦敦塔的墙里。

圣奥尔本斯战役以约克家族的胜利而结束，但这只是一个起点，对于战败的兰开斯特家族来说不足以伤筋动骨，很快他们就在第二次圣奥尔本斯战役及各地战场上展开反击。

## 以两个家庭的联姻为结束

### 约克家族内部矛盾

在兰开斯特家族猛烈反击、约克家族连连败退的情况下，爱德华四世继承了约克家族，他在法兰西军队的帮助下击败了兰开斯特家族，并于公元 1461 年 6 月在伦敦加冕。此后他将亨利六世杀死在伦敦塔中，果断而迅速地结束了兰开斯特王朝的统治，使得约克家族在玫瑰战争中取得了巨大的胜利。

公元 1483 年，爱德华四世病逝，遗命其弟格洛斯特公爵理查德为护国公摄政，辅佐他只有 12 岁的儿子爱德华五世统治英格兰，理查德却囚禁了爱德华五世和他的弟弟约克公爵，还生生把他们填进了伦敦塔的墙里。理查德自封为王，即理查三世。

英格兰传统徽记，其名源自都铎王朝。如今还能在伦敦塔守卫的制服上看到。它也是英国20便士硬币及英国皇家军装的图案，还很巧妙地体现在加拿大军装上。

◉ **英格兰国王理查三世**

理查三世是约克王朝的末代国王，也是金雀花王朝的最后一位国王，莎士比亚等剧作家将其刻画为"驼背的暴君"。后在与亨利·都铎的交战中，因部下威廉·斯坦利叛变而失利被杀。

◉ **亨利七世**

## 兰开斯特家族重新执掌英格兰

英格兰的这场王位争夺战还未结束，不久之后，兰开斯特家族亨利六世的弟弟亨利·都铎也在法兰西人的帮助下，在公元1485年的博斯沃思战役中击败了理查三世的军队。

英格兰国王的王冠又被亨利·都铎夺得，史称亨利七世，他娶了约克家族爱德华四世的长女，即这个时期约克家族最佳的继承人约克的伊丽莎白为妻，宣布约克和兰开斯特两大家族合并，并将两个对立家族的家徽合并到红白都铎玫瑰的徽章中，结束了玫瑰战争，英格兰从此进入都铎王朝时代。

◉ **扑克牌中的梅花Q**

梅花Q是英国王后阿金尼，英国玫瑰战争时期王后（具体身世已经无从考证）。当时统治英格兰的兰开斯特家族的家徽是红蔷薇，反对者约克家族的家徽是白蔷薇，两个家族爆发大战，最后和解，这场英国内战也叫作"蔷薇战争"。所以梅花Q手中拿的是红白双色的蔷薇花，象征战争与最后的和解。

**亨利七世统治下的英格兰依旧叛乱不断**

亨利七世虽然打败了约克家族，成了英格兰国王，但是其统治下的英格兰还是时有叛乱发生……

公元 1486 年，一个名叫兰伯特·西姆内尔的王子，在爱尔兰基尔代尔伯爵领地被拥立为王，之后遭到亨利七世的猛烈打击，最后兰伯特·西姆内尔成了亨利七世家的厨子。

公元 1491 年，一个叫珀金·沃贝克的年轻人自称是来自伦敦塔内被囚禁的王子之一，他成功地骗到了法国、勃艮第、爱尔兰和苏格兰等地与英格兰有仇的国王和贵族们，他们借给了珀金·沃贝克一支军队，支持他入侵英格兰，最后珀金·沃贝克聚集的军队被亨利七世击败，这个大骗子也于公元 1499 年被俘后处决。

# 成立海外贸易护航队

◉ 伦敦塔的囚室

公元 1493 年，受西班牙王室支持的哥伦布从新大陆探险回来，他不仅去了葡萄牙炫耀，刺激了葡萄牙国王若奥二世，同时也刺激了整个欧洲对探索未知世界的热情，英格兰国王亨利七世也不例外。英格兰虽然结束了玫瑰战争，但是元气大伤，百废待兴，亨利七世一边羡慕西班牙的崛起，一边小心地经营着自己的国家。

## 花小钱，办大事，成立护航队

早在公元 1488 年，法兰西海军入侵了布列塔尼半岛，这块曾经与英格兰有着千丝万缕联系的土地向欧洲各国发出了求援信。神圣罗马帝国皇帝、西班牙国王都伸出了援助之手，唯有英格兰国王亨利七世异常冷漠，因为他知道英格兰已经不能再与大陆上的豪强进行一次拉锯战了。因而亨利七世并没有参与历史上首次反法同盟之战，虽然他的行为气得手下的贵族们自掏腰包渡海参战，但他仍按兵不动。

几百年来，从北欧维京人到法兰西海军，各种势力的舰队经常光顾英格兰，未来潜在的敌人也可能会从其他大陆渡海而来，所以英格兰必须有一支可以抵御登陆者的舰队。亨利七世需要它来保护英格兰的海岸线，无论登陆者是入侵者、强盗还是走私商贩。

于是，英格兰皇家海军便在亨利七世在位期间成了一支几乎不间断的常备力量，这支舰队的规模不大，却为战时的扩充打下了基础。

◉ 哥伦布

哥伦布，全名克里斯托弗·哥伦布，是意大利的著名航海家，也是地理大发现的先驱，公元1492年发现了美洲新大陆。

◉ 西班牙双王

西班牙国王阿拉贡的费尔南多二世（左）和卡斯蒂利亚的伊莎贝拉一世（右）。公元1469年，卡斯蒂利亚的伊莎贝拉嫁给了阿拉贡的王子费尔南多，卡斯蒂利亚和阿拉贡两个王国联姻。公元1474年，23岁的伊莎贝拉被立为卡斯蒂利亚女王，公元1479年，费尔南多成为阿拉贡国王，两国正式合并为统一的西班牙王国，夫妇二人被称为"天主教双王"或者"西班牙双王"。

## 巴结海洋大国，为国家稳定护航

15 世纪末 16 世纪初，随着海外探险的成功，西班牙很快崛起为欧洲强国。为了巴结这个海洋大国，稳定国家海域，亨利七世便让大儿子亚瑟与西班牙双王费尔南多二世与伊莎贝拉一世的大女儿凯瑟琳联姻，可是两人结婚才 4 个月，亚瑟猝死，亨利七世出面稳住了凯瑟琳，并劝她与自己 12 岁的小儿子亨利（亨利八世）结婚，延续这段联姻。

通过这次联姻，亨利七世与将来足以领导大半个欧洲的西班牙王室保持了良好关系。这让亨利七世的王朝变得非常稳固。

## 英国人的第一次航海探险

亨利七世也非常眼红西班牙航海探险的成功，促成英国人开展了第一次探索新大陆的冒险活动。亨利七世任用了当

由于长兄亚瑟的早逝，12 岁的亨利（亨利八世）成为王位继承人，继任威尔士亲王。

⊙ **西班牙公主凯瑟琳**

凯瑟琳改嫁亨利八世，这桩婚姻违反天主教教规，凯瑟琳因此宣称自己并未与亚瑟圆房。后来，凯瑟琳的母亲伊莎贝拉一世求得教皇发布训令允许这桩婚姻。

◉ 威尼斯航海家约翰·卡博特

约翰·卡博特于公元 1450 年生于热那亚，公元 1461 年移居威尼斯，公元 1476 年入威尼斯籍，是个商人和海员。公元 1494 年，卡博特全家又移居到英格兰的布里斯托尔，为英格兰人服务，卡博特使英格兰人的航海发现发生了转变。从之前寻找神秘的陆地的冒险为主，转变为开辟去东方的新航路、获取香料为主。公元 1498 年，卡博特死于对中国的第二次远航探险途中。

时最时髦的威尼斯航海家约翰·卡博特，使英国人在达·伽马抵达印度的前一年就登陆了加拿大东部的纽芬兰。这是维京人退出北美几百年后，欧洲人第一次来到北美。

公元 1509 年 4 月 21 日，亨利七世去世，他开创的都铎王朝被认为是英国君主专制历史上的黄金时期。他统治英格兰 24 年之久，充实了国家财政，限制贵族拥有过多的权力。他奖励工商业发展，创造了英国资本主义发展的条件，在英国历史上有"贤王"之称，为亨利八世创造了一个比较稳固的王朝。

## 亨利八世时代的皇家海军

公元 1509 年 6 月 24 日，时年 18 岁的亨利八世在伦敦的威斯敏斯特教堂举行加冕仪式，继承了王位。不久，他就根据先王的遗愿与西班牙双王之女凯瑟琳结婚了。

### 亨利八世战争初体验

亨利七世给亨利八世留下了充盈的国库和相对稳定的政局。

#### 亨利八世加入了反法同盟

法兰西经过一段时间的休养生息后，国力开始恢复，法王弗朗索瓦一世再次燃起了争霸的野心，他与以神圣罗马帝国为首的反法同盟之间的战争不断。欧洲进入两大强权的争霸时期，法兰西和神圣罗马帝国为争夺意大利开战，两国都力图争取英格兰的支持。

⊙ 托马斯·莫尔

亨利八世亲自拜访过《乌托邦》的作者托马斯·莫尔，之后一直任用他为亲信大臣。公元1535年托马斯·莫尔因反对亨利八世兼任教会首脑而被处死。他在英国历史上最伟大的100个名人评选中名列第37位。

公元1505年，亨利七世不想继续与西班牙联盟，于是宣布自己并不同意儿子亨利与凯瑟琳的婚约，西班牙为此同英格兰进行外交斡旋，婚约才未解除。

亨利八世在神圣罗马帝国皇帝马克西米利安一世的引诱下，加入了反对法兰西的康布雷同盟，并蠢蠢欲动地加入了战争中。

## 迅速扩充军队

亨利八世以保护教皇为名，联合西班牙对法兰西开战。他继承了父亲留下的一支拥有6艘战舰的皇家海军的常备军，但是这样弱小的海军不足以成就大事，于是他扩建了英国皇家海军，给舰队添加了很多大帆船，比如著名的旗舰"天佑英王亨利"号。

公元1511年，作为英军进攻法兰西前奏的10 000名陆海军士兵被亨利八世派往南方。他们在实力大增的皇家海军护卫下，抵达了位于比利牛斯山附近的巴斯克地区。亨利八世派遣这支部队主要是为了支援自己的岳父费尔南多二世。后者正带着西班牙军队同法兰西人作战，准备拿下位于法兰西边界的小国纳瓦拉。至于真正的英军主力则将在稍后渡过英吉利海峡前进。

## 攻占特鲁昂

亨利八世将一支8000多人的军队派往英

亨利八世受封建贵族旧传统的影响很深。他颁布法令，严格规定贵族在服饰上的等级区别，禁止平民在服饰排场方面有逾越之举。

亨利八世依靠大规模征税、借债来维持战争，结果毫无成就，带来的只是财政破产、物价飞涨、货币贬值，王室没收修道院所获的地产，大部分被抛售到新贵族和资产阶级手中。

⊙ 亨利八世

亨利八世身材魁梧，能文能武。在统治初期，他受到文艺复兴新思潮的影响，曾写过两本书，并且还会写诗作曲，他继位不久创作的民谣《绿袖子》成为众口相传的流行歌曲。

● 《绿袖子》曲谱

《绿袖子》是一首英国民谣，在伊丽莎白一世女王时代就已经广为流传，相传是英王亨利八世所作，亨利八世还是位长笛演奏家。

传说中亨利八世是个相当暴戾的男人，却真心爱上一个民间女子，那女子穿一身绿衣裳，使得国王从此念念不忘。亨利八世命令宫廷里的所有人都穿上绿衣裳，好解他的相思之苦，在这样的背景下写出了曲调缠绵低沉，旋律非常古典、优雅，略带一丝凄美之感的民谣《绿袖子》。

吉利海峡以南的加莱，这里是英格兰在法兰西腹地的桥头堡，用作进攻诺曼底的始发站再合适不过。为了保证战争的胜利，亨利八世还招募了 800 名德意志雇佣兵，在约定时间内同主力会合。

先头部队的 8000 多人从加莱登陆诺曼底地区的小镇特鲁昂，虽然法兰西守军顽强抵抗，但由于英格兰士兵数量的优势，很快占了上风。加上法兰西此时正在意大利与西班牙作战，所以无法抽调更多的增援军队，英军很快占领了特鲁昂。这是英法百年战争结束 60 年来，英格兰军队第一次踏足法兰西领土。

## 亨利八世扩建皇家海军

亨利八世的父亲亨利七世就很重视海军，其统治时期为了省钱连常备军都没保留，打仗都是以外国雇佣兵为主，但他却愿意在海军方面花钱。在他统治期间共建造了 6 艘舰船。亨利八世在他父亲的基础上更进一步发展海军。

## "玛丽·罗斯"号

英国海军上将爱德华·霍华德宣称舰队中没有一艘100吨的船航速可以超过"玛丽·罗斯"号。

"玛丽·罗斯"号是以亨利八世妹妹的名字命名的，建造于公元1509—1511年，是亨利八世时期第一艘为作战而专门建造的战舰，也是第一批可做到舷炮齐射的船只之一，得到了亨利八世的偏爱，被形容为"海洋上的一朵最美的花"。为了适应战争需求，"玛丽·罗斯"号配有重炮，而且航行速度快，参加过多场海战，而且战果辉煌，完全是一个战争机器。

◉ "玛丽·罗斯"号

"玛丽·罗斯"号于公元1545年7月19日起航参加对抗法国的朴茨茅斯战役，突如其来的狂风使"玛丽·罗斯"号发生倾斜，不幸的是，船员没有把底层的炮眼关上，海水涌入船体，几分钟后"玛丽·罗斯"号就带着700余名船员沉入海中。

## 扩展阅读：亨利八世的6任妻子

### 第1任妻子西班牙公主凯瑟琳

凯瑟琳是亨利八世哥哥亚瑟的遗孀，也就是亨利八世的嫂嫂，她和亚瑟结婚4个月后就守寡了，后来又改嫁给了亨利八世。凯瑟琳王后曾多次流产，一名女婴早夭，三名男婴夭折。唯一幸存的女儿玛丽·都铎即是日后被称为"血腥玛丽"的玛丽一世。

亨利八世认定凯瑟琳不能为他生下男性继承人，就和女侍官安妮·博林（又称安·波林）发生了婚外情。他以《圣经》说"弟娶兄嫂者会无后代"为由要求离婚。但凯瑟琳坚持认为自己是王后，拒绝与亨利八世离婚。因为凯瑟琳是西班牙公主，所以教皇没有批准亨利八世离婚。

公元 1533 年 1 月，在没有获得教皇许可的情况下，亨利八世秘密与安妮·博林结婚，罗马教皇宣布将他驱逐出教。作为报复，英格兰国会随即立法脱离罗马教廷，大主教克兰麦接着宣布亨利八世与凯瑟琳的婚姻无效，与安妮·博林的婚姻合法。

◉ 第 2 任妻子安妮·博林

### 第 2 任妻子安妮·博林

安妮·博林的姐姐玛丽·博林是亨利八世的情妇。安妮·博林去法兰西留学归来之后，进入英格兰宫廷做女侍官，亨利八世与她坠入爱河。公元 1533 年 6 月 1 日，安妮·博林加冕为英格兰王后。凯瑟琳被褫夺王后的称号，并被幽禁在一个下等庄园中，其女玛丽·都铎也因此被贬为私生女，不允许和母亲见面。

安妮·博林生有一女伊丽莎白，也就是后来的"童贞女王"伊丽莎白一世。同样因为安妮没有生出儿子，亨利八世又看上了安妮·博林的女侍官珍·西摩。

公元 1536 年，亨利八世下令逮捕安妮·博林和她的弟弟乔治子爵。乔治被指控和他的 3 名朋友私

◉ 第 3 任妻子珍·西摩

◉ 第 4 任妻子克里维斯的安妮公主

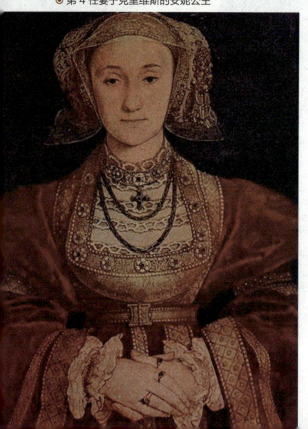

通安妮·博林，并计划暗杀国王。乔治和他的朋友被处死，而安妮·博林则被判定与自己的弟弟通奸，并被幽禁在伦敦塔中。

公元 1536 年 5 月 19 日，安妮·博林被斩首。亨利八世宣告自己和安妮·博林的婚姻无效。

### 第 3 任妻子珍·西摩

公元 1536 年 5 月 30 日，亨利八世和珍·西摩举行了他的第三次婚礼，之后她被公开宣称为王后，但是由于当时的伦敦城瘟疫蔓延，并未被正式加冕。公元 1537 年 10 月 12 日，珍·西摩为亨利八世生下爱德华·都铎（后来的爱德华六世），亨利八世和英格兰王室终于盼到了男性继承人。然而 10 月 23 日，珍·西摩突发产褥热，第二天晚上去世了。

### 第 4 任妻子克里维斯的安妮公主

两人并无感情，亨利八世讨厌安妮王后，不愿碰她，就转而追求安妮王后的女侍官凯瑟琳·霍华德（安妮·博林的表妹）。亨利八世又一次提出自己和安妮王后的婚姻无效，要求离婚。他赐给安妮"国王的姐妹"头衔，并给了她一大笔钱，让她在英国隐居。公元 1540 年 7 月，安妮王后和亨利八世离婚，之后就一直居住在伦敦，直到公元 1557 年离世。

### 第 5 任妻子凯瑟琳·霍华德

公元 1540 年 7 月 28 日，亨利八世迎娶凯瑟琳·霍华德，但她与亨利八世婚后不久就和大臣托马斯·卡尔佩珀发生婚外情，亨利八世逮捕了凯瑟琳的情人，并于公元1543 年将凯瑟琳处以绞刑。

### 第 6 任妻子凯瑟琳·帕尔

公元 1543 年，年迈的亨利八世最终娶了在宫廷任职的凯瑟琳·帕尔为他的第 6 任妻子。凯瑟琳·帕尔是个结过两次婚的寡妇，她的宗教观点激进，亨利八世却是保守派。两人经常争论，好几次险些让她丧命，但她总能及时让步。受到她的影响，亨利八世和两个女儿玛丽、伊丽莎白和解。凯瑟琳·帕尔将玛丽、伊丽莎白和爱德华照顾得很好，让他们受到了良好的教育。她也很好地照顾了晚年疾病缠身、容易动怒的亨利八世。

亨利八世死后 6 个月，她和旧爱托马斯·西摩结了婚。

## 都铎玫瑰的血腥权力追逐

亨利八世为英格兰建树颇多，但由于其复杂的婚姻史，人们往往忽略了他的成就。

公元 1547 年 1 月 28 日，亨利八世在怀特霍尔宫去世，死后与他的第 3 位妻子珍·西摩合葬在温莎城堡的圣乔治教堂。他虽然有过 6 位王后，却只有一个儿子，即爱德华六世，以及两个女儿玛丽·都铎和伊丽莎白·都铎。别看他子嗣不多，但个个都当过英格兰的国王。

◉ 第 5 任妻子凯瑟琳·霍华德

◉ 第 6 任妻子寡妇凯瑟琳·帕尔

凯瑟琳·帕尔收服了花心的亨利八世，同时，自己也成为英格兰历史上结婚次数最多的王后，有过 4 位丈夫。

## 在位仅 13 天的简·格蕾女王

年仅 9 岁的爱德华六世于公元 1547 年 1 月 28 日继位,同年 2 月 20 日加冕。由于当时爱德华六世年纪尚幼,政权落在以新教徒为首的摄政议会中。爱德华六世从小就是一个病秧子,公元 1553 年,年仅 16 岁的他因为肺病去世了。临死前,爱德华六世指定他的表姐简·格蕾为王位继承人,却将他同父异母的姐姐玛丽和伊丽莎白排除在外。虽然作为亨利七世的曾外孙女,简·格蕾也有继承王位的资格。

但是,简·格蕾毕竟只是爱德华六世的表姐,按王位继承顺序应该是爱德华六世的姐姐玛丽和伊丽莎白继承王位。

玛丽在爱德华六世去世后,与英格兰枢密院联合,废黜了在位仅 13 天的简·格蕾,并将其监禁在伦敦塔中狱卒的房间里。

第二年,年仅 17 岁的简·格蕾被秘密处决,死后被埋在伦敦塔内教堂的地板下,她的丈夫和父亲等也先后和她一样被以叛国罪斩首。

## 血腥玛丽女王

玛丽·都铎继位成为都铎王朝的第 5 位英格兰国王,即玛丽一世。

### 玛丽继位后,立即将新教改回天主教

玛丽是狂热的旧教徒,继位后立即将她父亲亨利八世提倡的新教改回天主教。由于早年受到排挤和屈辱的影响,她的性格偏执而决绝。她对新教徒采取极端的政策,曾经有 300 多名新教徒被她烧死在火刑柱上,无数人被迫流亡国外。她也由此获得了"血腥玛丽"的恶名。

◉ 简·格蕾

简·格蕾(1537—1554 年),都铎王朝第 4 位英格兰国王。但她的女王地位有争议,因为其在位仅有 13 天,不能正式算作英国女王,而且她的继位违反了英国的议会法令,就连她继位的日期在历史上也有争议。

◉ 简·格蕾被处决—1833 年画

### 始终没有生下一男半女

为了避免王位落入信奉新教的妹妹伊丽莎白手中，玛丽一世亟须有个继承王位的子嗣。她选择了与当时欧洲最有势力的神圣罗马帝国皇帝查理五世的儿子腓力二世结婚，虽然曾两次怀孕，可是空欢喜一场，始终没有生下一男半女。虽然后来腓力二世继位，玛丽一世成为西班牙王后。可英格兰枢密院和民众出于对西班牙人染指英格兰的担心，极力反对这桩联姻。

玛丽的婚姻一波三折，在她2岁的时候，亨利八世为她与法兰西国王弗朗索瓦一世的儿子订婚。但3年后婚约宣告无效。6岁的时候，她又被安排与22岁的表哥、神圣罗马帝国皇帝查理五世缔结婚约，但后来因查理五世迎娶了一位葡萄牙公主而告吹。法兰西的弗朗索瓦一世再度被视为玛丽的订婚对象，因两人的婚事会促使两国结成友邦。签订的婚约也保证玛丽会嫁给弗朗索瓦一世或他的次子奥尔良公爵亨利，但后来因为有了其他方法保持两国的同盟关系，这桩婚事也告吹了。公元1554年7月23日，她与神圣罗马帝国皇帝查理五世这个曾经的未婚夫的儿子腓力二世首次见面，两天后两人便举行了婚礼，这一年玛丽已经38岁。

### 伊丽莎白一世兼容地接纳两种教义

公元1558年11月17日，重病的玛丽一世撒手人寰。玛丽一世死后没能如愿葬在她的母亲凯瑟琳的墓旁，而是埋在了威斯敏斯特教堂内。她信奉新教的妹妹伊丽莎白继承了英格兰王位，史称伊丽莎白一世，也就是英国历史上著名的"童贞女王""海盗女王"。

时值欧洲宗教改革之际，伊丽莎白一世利用姐姐玛丽一世与新教的矛盾登上了王位，但是加冕之后，英格兰的新教和旧教的巨大矛盾依旧无法调和，于是她没有选择站队，而是兼容地接纳了两种教义。

◉ 玛丽·都铎

玛丽·都铎，玛丽一世，英格兰和爱尔兰女王（1516—1558年）。她是都铎王朝的第5任君主，她的父亲是亨利八世，母亲是凯瑟琳王后（西班牙双王的女儿凯瑟琳）。

◉ 威廉·莎士比亚

莎士比亚是英国文学史上最杰出的剧作家，也是欧洲文艺复兴时期最重要、最伟大的作家，全世界最卓越的文学家之一。在伊丽莎白一世当政的45年间，英国日渐强大起来。不仅经济出现繁荣景象，文化也达到新的高度，出现了文学史上的"伊丽莎白时代"，威廉·莎士比亚正是成名于这个时代。

# 第五章

# "海盗女王"伊丽莎白一世时代

伊丽莎白一世接手的英格兰是一个"烂摊子":国内政治上因宗教改革而变得四分五裂;在海外,大航海时代已经开启多年,西班牙和葡萄牙因为殖民掠夺而成为世界级的海洋帝国。这一切使英格兰看上去处在一个糟糕透顶的"坏时代",但实际上却是一个充满机遇的"好时代"。

## "海盗女王"的海盗政策

自从公元 1492 年哥伦布发现美洲大陆以后,西班牙和葡萄牙掀起了铺天盖地的新大陆殖民浪潮。

到 16 世纪中期,西班牙已经征服了美洲大部分地区,来自美洲的金银财宝源源不断地流入西班牙;葡萄牙则占据了巴西,还在西非、印度、印度尼西亚等地建立了大批贸易据点,垄断了丝绸、香料、茶叶等东方奢侈品的贸易。

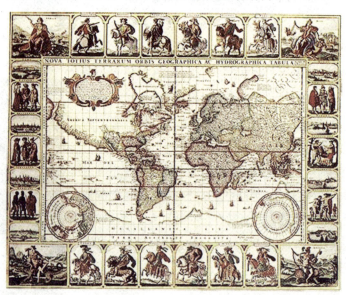

⊙ 托得西拉线

为了避免西班牙与葡萄牙因为争夺殖民地而发生战争,罗马教皇特地于公元 1493 年颁布敕令,将新世界分为两半,西半球为西班牙势力范围,东半球为葡萄牙势力范围。这条界线大约和西经 47 度线吻合,后来又称为"托得西拉线"。

◉ 约翰·卡博特在加拿大的纪念馆

约翰·卡博特于公元1497年在英王亨利七世的支持下航行到达今天的加拿大，他以为到了亚洲的东海岸。第二年他到达了今天的美国东海岸，他向英王报告发现了新领土。英王根据他的报告宣称北美大陆属英国所有，为以后英国的殖民主义活动打下了所谓"合法"的基础。

## 英格兰与西班牙从盟友走向仇敌

　　16世纪的欧洲，西班牙是当仁不让的海上霸主、天主教世界的顶梁柱，而此时英格兰在欧洲政治版图上显得无足轻重。

　　伊丽莎白一世上台以后，对内巩固了新教的地位，对外则支持荷兰等新教国家取得民族独立，于是和西班牙发生了越来越多的冲突。西班牙和葡萄牙通过殖民扩张大发其财，也让英、法等国家眼红。英格兰尤其对西班牙在美洲掠夺的金银垂涎三尺，早在亨利七世时就雇佣了威尼斯航海家约翰·卡博特出海冒险，寻找东方的财富。然而，在之后的几十年里，英格兰的航海家们到达了北美洲的纽芬兰、哈得孙湾和弗吉尼亚，以及南美洲的圭亚那等地，却一次又一次地空手而回，血本无归。

## 皇家海盗让英格兰人扬眉吐气

　　英格兰航海家一次次的空手而归，而西班牙满载财宝的船队却在大西洋上往来穿梭，这让英格兰人非常眼馋。于是，伊丽莎白一世给海盗们发放抢劫西班牙船只的许可证——"私掠许可证"，鼓励他们进行海外掠夺，抢劫所得也会部分上缴国库。这些不可一世的海盗在海上主要抢劫西班牙船只，回国后变成了有家产、有身份的人，他们受到女王的庇护，被称为"女王的海狗"。

◉ 西班牙运宝船队

公元 1585—1604 年，英格兰每年至少有 100 艘、有时甚至多到 200 艘的武装商船出海，专门在大西洋和加勒比海劫掠西班牙运宝船队，而每年的掳获平均可达 20 万英镑。

这帮皇家海盗虽然人数不过几千人，却是举国关注的一群人。上至女王、下到地主乡绅都踊跃资助他们的劫掠行动。英格兰人为他们的胜利而欢欣鼓舞，为他们的失利而捶胸顿足，就如同现代的英国人对他们的足球队一样痴迷，而最出色的海盗船长则成为国人景仰的民族英雄。

◉ 16 世纪的海盗船

### 征用海盗的无奈之举

伊丽莎白一世之所以征用海盗，是因为英格兰和西班牙在政治制度上有本质的不同。西班牙是典型的集权制度，王权至高无上，来自殖民地的财富全部落入国王的腰包，因而西班牙国王行事完全没有财力或政体的限制，可以随心所欲。

英格兰国王则没有如此绝对的权力，早先受地方贵族掣肘，后来受"上、下议会"两院限制。

英格兰法律规定：没有议会同意，国王不得征税。由于在财力上捉襟见肘，伊丽莎白一世不得不依靠民间力量同西班牙周旋，征用海盗也不过是女王的无奈之举。

英格兰的政治权力分散貌似是一个致命的弱点，却是日后英格兰后来居上的主要原因之一。由于私有财产受到议会和法律的有效保护，英格兰的有产阶级才能够放心大胆地投资兴办产业，而正是因为他们追逐利润，使得国家迅速完成原始积累，推动了英国资本主义经济的发展。

## 御用海盗霍金斯和德雷克

约翰·霍金斯是第一个被伊丽莎白一世选定的御用海盗，他于公元1532年出生于英格兰西南部德文郡普利茅斯的一个海商世家。霍金斯家族在当时英格兰西部沿海有着声势显赫的海上势力，家族的很多成员都从事海外探险活动。其父亲威廉·霍金斯是当地比较有名的从事对外贸易的商人。

### 普利茅斯首富

霍金斯的父亲去世之后，他子承父业，开始从事西班牙和加那利群岛之间的奴隶贸易，这是英格兰从事"三角贸易"的开始。从小就受海外探险熏陶的霍金斯，极为注意航海时的细节问题。为了增加在危险的环境和漫长航行中的胜算，霍金斯很注重收买手下人的忠诚，并用严密的制度来控制他们。

首先，霍金斯不惜付以重酬，答应分发给手下海盗战利品，允许他们进行私营贸易。其次，为了保障海上生活，霍金斯远航前必须确保船只装有充足的淡水、饼干、啤酒、咸牛肉、鳕鱼干、盐、黄油等，甚至还带有活的宠物，以便不测时用来充饥。

⊙ 约翰·霍金斯

约翰·霍金斯（1532—1595年）是英国16世纪著名的航海家、海盗、奴隶贩子，"三角贸易"开创者，伊丽莎白一世时代重要的海军将领，他对英国海军进行的改革是英国海军战胜西班牙无敌舰队的重要因素之一。

霍金斯的父亲威廉·霍金斯从公元1530年起就开展了英格兰与巴西间的海上贸易，成为当时有名的大商人，曾三次代表普利茅斯市出席国会。

普利茅斯是一座拥有丰富航海史的城市，曾经是英国皇家海军的造船厂所在地，也是16—19世纪英国人出海的港口。该市的重要地点包括城堡、德文港船坞和碉楼（1620年清教徒前往美洲的出发点）。

● 运输黑人的贸易

此外，在出发前，木桶、铲子、罗盘、压舱物、滑轮、绳索以及鼠药等，船上一应俱全。

在人员的配置上，除了比较优秀的水手之外，还包括修补船只的工匠、会制作与修补绳索和帆布的工人们、外科医生、理发师、做饭的厨子以及会计员等。如此看来，霍金斯是一个谨慎的航海家。

霍金斯还是一位比较聪明的商人，在他远行的船只上常载有布匹、来自英格兰南部的羊毛棉线和克尔赛手织粗呢，前者主要是在寒冷地方销售的货物，后者则是在热带地区销售的东西。这样一来，霍金斯可谓是航海一路，贸易一路，也难怪一次航行就奠定了他普利茅斯首富的地位。

## 海外探险很顺利

伊丽莎白一世继位后，发现自己的国内混乱一团，而她焦头烂额之际还备受各方指责。为了能把整个英格兰人民团结在自己的身边，伊丽莎白一世需要创造权力和财富。伊丽莎白一世女王为了短时间内增强国力，受西班牙、葡萄牙海外探险高额回报的诱惑，大量授权海盗劫掠，这些海盗是英格兰的财富搬运工，他们将大量的财富从各个海域掠夺进女王的口袋，这些海盗中最有名的就数约翰·霍金斯了。

公元 1562 年 10 月，霍金斯的"樱草花"号获得女王的"私掠许可证"，霍金斯便开始了第一次劫掠之行，随行的除了他的朋友，还有一些贵族。

霍金斯一行人于公元 1562 年冬天到达了几内亚海岸，在那里他们捕获了 300 多个黑人奴隶，随后这些奴隶被带到圣多明各出售，霍金斯大赚一把后，又将船只装满兽皮、姜、糖和一些珍珠。

公元 1563 年 9 月，他们满载而归，这是英国最早的"三角贸易"。作为英国奴隶贸易的创始人，霍金斯不仅赢得了名声和大量财产，也因此成为英国历史上最早进行贩卖奴隶勾当的海盗头子。

⊙ 钱币上的伊丽莎白一世

## 与女王合作

霍金斯的奴隶贸易引起了英格兰王室浓厚的兴趣。一开始，伊丽莎白一世责备霍金斯不该参加这种不道德贸易，但是当霍金斯向她透露了在这次"贸易"中所获得的巨额利润之后，她很快改变了主意。

公元 1564 年，霍金斯第二次出航几内亚。伊丽莎白一世竟和她的几名枢密院官员联合对霍金斯的第二次航行进行秘密投资。伊丽莎白一世将自己一艘 700 吨的海船"卢卑克的耶稣"号折合为 4000 英镑股份投资于他的船队。

公元 1565 年 9 月，霍金斯再次满载归来。霍金斯两次贩奴活动的成功得到英国政府的赞扬，女王伊丽莎白一世专门授给他一块盾形纹章，纹章的图饰是一个被捆绑的黑人。

⊙ 被捆绑的黑人

伊丽莎白一世专门授给霍金斯的盾形纹章。

### 出师不利

公元 1566 年 9 月，霍金斯的 4 艘船只"保罗"号、"所罗门"号、"帕斯克"号以及"燕子"号在约翰·洛佛尔的率领下从普利茅斯再度起航。这次霍金斯并没有参与，而是在准备与海军财政大臣本杰明·岗松的女儿凯瑟琳·岗松的结婚事宜。但这次航行开始就很不顺利，约翰·洛佛尔是一名坚定的新教徒，不擅权术，有勇无谋。他们在加那利群岛得罪了霍金斯在当地的贸易伙伴德·旁迪，在捕获奴隶后到达西印度群岛的第一个登陆地就出师不利。总之，这是一次不太成功的航行。洛佛尔在公元 1567 年 9 月回到普利茅斯后就在航运史上销声匿迹了。

### 与西班牙交恶

公元 1567 年 10 月，霍金斯第三次起航，这次参与的船只规模更大，包括了女王入股的"卢卑克的耶稣"号和"米尼昂"号，以及他表弟弗朗西斯·德雷克的一艘 50 吨的小船"朱迪思"号。

起先，他们的航行并不顺利，但是当他们到达佛得角之后，似乎"有好运降临了"。当地两个黑人部落发生战争，其中一方向霍金斯求助。霍金斯顺水推舟地提出了处置战俘的要求，于是，战后有近 300 名黑人落入霍金斯等的手中。霍金斯的船队搭载着这些黑奴去往西印度群岛出售。

公元 1568 年，霍金斯的船队到达墨西哥湾的西班牙属港口，他们强占了港口外的圣胡安·德·乌略亚岛，与一支西班牙反走私武装舰队遭遇，双方谈判不成，随即开战，由于受到风暴袭击，霍金斯的船队遭受重创，死伤 300 多人，还有 3 艘船被击沉，其中就包括女王入股的"卢卑克的耶稣"号，霍金斯和德雷

◉ 弗朗西斯·德雷克

克也险些丧命于此。公元 1569 年 1 月，他们先后逃回英格兰。

霍金斯的这一次航行也成为西班牙和英格兰从相对和平走向战争的分水岭，也正是在多次与西班牙的较量中，约翰·霍金斯认识到了加强海军的重要性，因此回到英格兰的霍金斯开始将主要精力投入到海军建设的事业中。

### 弗朗西斯·德雷克

弗朗西斯·德雷克是英国皇家海盗的先驱，也是当时最负盛名的海盗船长。

德雷克于公元 1540 年出生在一个贫穷的新教传教士家庭，他有 11 个兄弟姐妹。德雷克 5 岁时，他的父亲为了躲避宗教迫害，举家迁到肯特郡，在麦德威河边定居下来，而门口就是英国的皇家造船厂。因生计所迫，德雷克 13 岁时就上船当学徒工，随船来往于泰晤士河和英吉利海峡。26 岁开始加入海盗船队，前往新世界淘金。

## 探险家德雷克

弗朗西斯·德雷克是英国历史上著名的探险家与海盗，是在麦哲伦之后第二位完成环球航海的探险家，也是第一位完成环球航行的英国航海家。

⦿ **西班牙舰队**

16 世纪是属于西班牙帝国的黄金时代，在哈布斯堡家族的查理五世和腓力二世的励精图治下，西班牙走向了完全的统一，疆域包含了整个伊比利亚半岛、意大利南部、尼德兰地区以及广阔的美洲殖民地，成了历史上第一个"日不落帝国"，全世界 80% 的黄金白银都源源不断地运往西班牙。

英格兰与西班牙交恶，不仅仅是因为霍金斯这次航海贸易受挫，还有一个原因是此时西班牙对尼德兰革命的镇压措施，使英格兰对尼德兰的稳定贸易关系开始遭到破坏，因此英西矛盾日益加深。

◉ 伊丽莎白一世女王登上德雷克的旗舰"金鹿"号

英格兰女王伊丽莎白一世亲自登上"金鹿"号，嘉奖德雷克他们的环球航行壮举。德雷克知道船上这帮海盗已经好几个月没见过女人了，怕他们对女王不礼貌，所以命令他们举起右手，遮住眼睛，不准看女王！

女王看到甲板上船员们举右手遮眼的怪异姿势，问道："他们在干什么？"德雷克机智地回答："这是海盗特有礼节，他们在向陛下您致敬呢！"女王莞尔一笑，封德雷克为"骑士"。

◉ "金鹿"号

## 第一个环绕地球航行的英国人

"金鹿"号穿过德雷克海峡，一直向西横渡了太平洋。公元 1579 年 7 月 23 日，德雷克到达了马里亚纳群岛，8 月 22 日穿过北回归线，9 月 26 日回到了阔别已久的普利茅斯港，再次成了"民众的英雄"，伊丽莎白一世登上德雷克的旗舰"金鹿"号，在甲板上授予德雷克骑士爵位。这次航行是继麦哲伦之后的第二次环球航行，但德雷克却是第一个自始至终指挥环球航行的船长。

德雷克的环球航行带回了数以吨计的黄金白银，丰富了女王的腰包，更重要的是德雷克为英格兰开辟了一条新航线，大大促进了英格兰航海业的发展，而且他还发现了宽阔的德雷克海峡，自此以后，太平洋再也不是西班牙一家的天下了。

德雷克作为一个探险家的成就到此为止，但作为海战史上著名的海战专家，他的冒险才刚刚开始。

## 造舰备战

这个时期，在伊丽莎白一世的庇护之下，英格兰海盗遍布整个海洋，让海洋殖民国家头疼不已，尤其是西班牙，因为与英格兰交恶，其在海上航行的运宝船屡遭英格兰海盗劫掠。

德雷克等在政府支持下从事打击西班牙船队、夺取其美洲财富的海盗活动。霍金斯则从切身经历中认识到加强英格兰海军的重要性，因此转而从事海军建设并进行各项改革，准备同西班牙人在海上继续较量。

### 与西班牙交恶，这可不是闹着玩的

#### 西班牙建立了当时最庞大的舰队

自 16 世纪开始，西班牙将海外领地分成了 4 个总督辖区，而且开通了东印度香料贸易的航线，为了保障海上交通线的安全和在海外的殖民利益，西班牙建立了当时最庞大的舰队，这是一支拥有 100 多艘战舰、3000 余门大炮、数以万计士兵的强大海上舰队，最盛时舰队有千余艘舰船。这就是日后横行海上的西班牙"无敌舰队"。

◉ 勒班陀海战中的"无敌舰队"

公元 1571 年，西班牙帝国在与奥斯曼帝国的勒班陀海战中出动了 90 艘战舰、50 艘快帆船与双桅帆船和 24 艘后勤补给商船，总共 164 艘船舰，还有 4.3 万名精锐的西班牙士兵，足可见当时西班牙的强大。

### 如此海军实力，如何抗衡西班牙？

再来看看英格兰当时的情况：亨利八世时期初步奠定了英国皇家海军的基础，但是他的继任者爱德华六世和玛丽一世时期，英格兰的政局始终动乱不堪，两位君主无暇关注海军建设，导致了亨利八世遗留下来的大批战舰因保养不利而慢慢腐烂损坏。

亨利八世时期的30艘战舰、15艘20吨的平底船以及多艘辅助舰艇，到伊丽莎白一世时期只剩下21艘战舰、6艘辅助舰艇。

就这样的海军实力，如何抗衡西班牙？英格兰的当务之急是发展海军，但这并不容易。

### 钱，钱？钱！

众所周知，养海军极其费钱，因为不仅要培养专业人员，保养武器，就连船体都需要大批的金钱维护保养。为了搞到

◉ 威尼斯共和国曾经繁忙的港口

13世纪的威尼斯共和国利用完备的经济制度，为海军的发展保驾护航，但一切都建立在经济利润的基础上，而且人民与贵族在经济上的权益相同，这样的方式根本不适合英格兰的国情，所以要建立自己的海军供养政策，还需要另辟蹊径。

更多的钱，伊丽莎白一世入股了霍金斯的船队，这意味着霍金斯不仅要缴纳私掠许可证的税金，还需要向女王支付股息。霍金斯每一次航行的收益，都有一笔钱进入女王的口袋。于是，女王开始向英格兰乃至不是本国的商船颁发私掠许可证，这样，随着海洋贸易的不断进行，越来越多的财富流进了女王的腰包。

除此之外，英格兰的皇家海军开始频繁地出没于海上，开始占据距离英格兰本土比较近的一些小的贸易站，这样就可以通过来往商贸征收关税，虽然这笔钱很少，但"苍蝇再小也是肉"，因为女王需要用钱的地方太多了。

## 霍金斯的改革

早在霍金斯第三次航行之际，女王就曾招募他为皇家海军舰队的公职人员，在女王的眼中霍金斯是海军发展的继任者，但是霍金斯更倾向于岳父本杰明·岗松担任的海军财政大臣一职。

公元 1572 年霍金斯进入国会。公元 1577 年 11 月，他接替本杰明·岗松担任海军财政大臣职务，此后，霍金斯开始提出进一步改革和建设海军的计划，并付诸行动。

### 惩罚腐败，成立查塔姆基金库

霍金斯对于海军中的腐败现象很不满。在被提拔为海军财政大臣后，他先是告发了威廉·温特并要求对他施以惩罚。

针对 16 世纪海上艰辛的生活和士兵死亡率很高的情况，英国统治阶级对于生病和受伤的士兵进行资助，但是对于生存困难的士兵来说仍是杯水车薪，因此霍金斯和德雷克成立了

伊丽莎白一世支持英格兰海盗们的行为，尤其是鼓励海盗们对西班牙运宝船的劫掠行为，使得西班牙损失巨大，因此西班牙就向英格兰讨说法，伊丽莎白一世给出的回应是"这完全是他们的私事"。西班牙人有苦难言，双方积怨加深。

英格兰依靠皇家海盗的行为，红红火火地经营着对尼德兰的生意，英格兰向其提供大宗呢绒，而尼德兰则向英格兰提供诸如武器等违禁物品。

尼德兰地区之所以敢在西班牙眼皮底下出售违禁物品，是因为此时荷兰共和国（尼德兰）正在与西班牙公开敌对，因此英格兰才能获得这样的商品。

德雷克在公元 1577—1580 年的远征中带回大量劫掠物，有人这样叙述："国库出现了这么一笔'西班牙资财'，大大改善了英国的财政状况，并使英国有可能去资助尼德兰。英国的财政从来没有像 1580—1581 年冬季那样繁荣过。政府有能力去还清债务，去改善国外的信贷情况。同时也能执行比较强硬的外交政策了。"
据估计，伊丽莎白一世时代，海盗带回的赃物价值竟达 1200 万英镑，这一数目在当时是相当大的。

◉ 约翰·霍金斯的家族纹章

查塔姆基金库，用于给生病和衰老的士兵以帮助。

### 建造行动灵活的快舰

这时英国皇家海军建设的目标也不再局限于守卫英格兰本土、防御外敌，而是转向为未来更大规模的海外探险和殖民保驾护航。

英国皇家海军原来使用的军舰虽然表面上威武、高大，但是行动起来很笨重、很不适用。根据德雷克等航海冒险家的经验和实战，霍金斯建造了一批中等型号的战船——快舰，船身高度也比原来降低了。这种战船航行速度快，行动灵活，而且在恶劣的天气下仍能在海上执行任务。

这种战船的代表当属"复仇"号，"复仇"号于公元1574年建造，排水量500吨，长36米，宽9.6米，是一艘四桅帆船。"复仇"号有两层甲板，最底层甲板装备18门18磅重炮（口径约为14厘米），通过船身的射窗发射实心炮弹；上一层甲板装备同样数量的10磅火炮（口径约为11厘米），另外，在艏艉和船舷还装有数量不详的小口径火炮。"复仇"号定员250人，包括军官和水手140人，以及炮手110人。

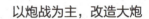

● 英国"复仇"号模型
"复仇"号是德雷克在抗击西班牙无敌舰队的海战中乘坐的旗舰，因此一战成名。和西班牙战舰上乘员分工严谨细致不同，英格兰军舰上的士兵一般都可以当作水手使用，而水手在需要的时候也可以操炮和射击，这样，英格兰军舰在海战中能够承受战损而依然战力不减。

### 以炮战为主，改造大炮

在海战的战术上，霍金斯进一步推行以炮战为主的新战术，改变过去以靠拢敌船、登上甲板进行近战为主的传统战术。

另外，为了加强船上火炮的威力，霍金斯改造了一种更加轻便的大炮，这种新炮反冲小、发射快、射程也更远。

英国皇家海军实力衰退的状况在伊丽莎白一世时期得到了较大的扭转，到公元1588年英西海战爆发时，英格兰已经拥有一支装备精良、素质一流的强大舰队。这支舰队除了拥有34艘皇家战舰之外，还有163艘武装商船和其他辅助船只。对于伊丽莎白一世在英国建立海洋帝国中的巨大贡献用再多的赞誉都不过分，但是具体的海军建设中必然不乏栋梁之材，而约翰·霍金斯即便不是翘楚之才，也算是这一时期英国海军建设中璀璨群星中的一颗。

## 西班牙入侵英格兰，双方撕破脸

霍金斯、德雷克等一批海盗的劫掠行径让西班牙大伤脑筋，西班牙驻英格兰大使向伊丽莎白一世提出无数次抗议，但都无济于事。

### 英格兰助战尼德兰

伊丽莎白一世起初并不愿意和西班牙公开交恶，因而矢口否认和海盗们有任何关联，但局势的变化很快迫使伊丽莎白一世转变立场。

公元1585年，西班牙名将帕尔马公爵法尼斯正率领3万精兵围剿独立不久的荷兰新教政权，荷兰在西班牙军队的打击下屡战屡败，危在旦夕，使伊丽莎白一世颇有唇亡齿寒之感。因此，她毅然派遣英格兰远征军到尼德兰助战，同时又派德雷克率领一支舰队到加勒比海大肆劫掠，分散西班牙的精力。

⊙ 帕尔马公爵法尼斯

帕尔马公爵法尼斯，又译作法尔内塞，是西班牙全盛时期最伟大的将领之一。

### 处死苏格兰女王玛丽，给了腓力二世借口

西班牙和英格兰分别是天主教和新教的代表。玛丽一世在位的时候，英格兰和西班牙的关系还算融洽，这是因为她本身就是一个坚定的天主教徒，而且又和西班牙国王腓力二世是夫妻，两人对新教的打击都不遗余力。等到玛丽一世去世，伊丽莎白一世继位后，情况就发生了变化。首先是伊丽莎白一世曾经的姐夫腓力二世向她求婚，企图将英格兰收

● 英格兰与西班牙开
战－插画

入囊中，被伊丽莎白一世婉拒了，这让腓力二世很不爽。其次，伊丽莎白一世虽然采用宗教兼容政策，但她本质上是个新教徒，并于公元 1559 年利用议会通过法令重立英国国教，与罗马教廷决裂。腓力二世和他的父亲查理五世一样，是天主教的坚定支持者，对当时的欧洲宗教改革运动深恶痛绝，对打压新教不遗余力。因此，英格兰也从此成了他的眼中钉，他不断地煽动英格兰国内的天主教贵族推翻伊丽莎白一世的统治。

可以说，英格兰国内的宗教斗争从来没有停歇过。公元 1587 年，伊丽莎白一世处死了与其争夺王位的支持天主教的苏格兰女王玛丽·斯图亚特，后者一直被西班牙国王腓力二世当作取代伊丽莎白一世、登上英格兰王位的人选。玛丽·斯图亚特的死彻底激怒了腓力二世，因此他派出了西班牙无敌舰队，准备接应尼德兰的西班牙士兵登陆英格兰，然后把伊丽莎白一世女王赶下王座，阻挠新教革命。

西班牙无敌舰队在葡萄牙的里斯本集结战舰，舰队一共搭载了 7000 多名水手和 20 000 多名士兵，将前往尼德兰海岸和帕尔马公爵法尼斯的 27 000 名士兵会合，然后护送西班牙大军登陆英格兰本土。这是自罗马帝国入侵不列颠岛以来，英格兰面临的最严峻的一次考验。

### 主动出击或坐以待毙，德雷克突袭卡迪斯港

英国皇家海军此时只有区区 23 艘战舰，长久以来一直奉

行近海防御战略，从来没有远离过英格兰海岸作战。在伊丽莎白一世召开的军事会议上，包括海军司令霍华德在内的大部分贵族主张在英格兰沿海严阵以待。

公元 1587 年，英西海战爆发。德雷克坚决反对这种消极防御的战略，他豪气地宣称进攻是最有效的防守，应该主动出击，将敌舰消灭在其停泊的码头内。为了使自己的观点更具有说服力，德雷克于公元 1587 年 4 月 19 日率领他的私掠舰队突袭了西班牙的卡迪斯港。德雷克的舰队在卡迪斯港激战了 12 个小时，击沉西班牙舰船 24 艘，并焚烧了大批军用物资。这次袭击使西班牙海军蒙受了巨大损失，入侵英格兰的行动因此被推迟了一年多。

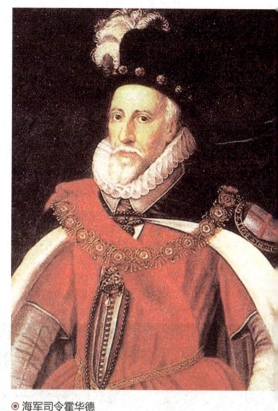

◉ 海军司令霍华德

霍华德全名查尔斯·霍华德，来自英格兰古老的贵族家族——霍华德家族。

霍华德家族在 16 世纪时曾在英格兰政坛上显赫一时，参与过英格兰历史上的多次重大事件。公元 1660 年霍华德家族重获失去近百年的诺福克公爵爵位，公元 1672 年又获世袭司礼伯之衔。

◉ 历史上繁华的卡迪斯港 –17 世纪

## 西班牙发誓要入侵英格兰，各国纷纷站队

德雷克的成功突袭惹恼了西班牙，之后，西班牙国王腓力二世建组了一支由大约 130 艘舰船组成的舰队，这支舰队由西多尼亚公爵统领，包括 8000 名士兵和 18 000 名水手，美其名曰"无敌舰队"，字面意思是"伟大而幸运的海军"，为了筹资完成这项计划，罗马教皇西克斯图斯五世允许腓力二世征缴远征税。教皇还承诺，如果他们能到达英格兰本土，将对西班牙军队进一步补贴。可见此时的英格兰不仅仅是得罪了西班牙，就连罗马教皇都不放过它。

英格兰与西班牙正式撕破脸了，欧洲各国也开始纷纷站队。此时荷兰与英格兰走到了一起，共同抵抗强大的西班牙帝国。

## 格拉沃利讷海战

西班牙无敌舰队于公元 1588 年 5 月 28 日驶往尼德兰，然而这支"幸运舰队"似乎不走运，刚出发 20 天就遇到"船祸"，船与船发生剐蹭和相撞的事故，到了 6 月底，船员又患上痢疾。

到了 7 月 29 日，西班牙无敌舰队才到达英格兰海域，8 月 7 日，无敌舰队在加莱泊地下锚。傍晚，加莱附近海域的风向由西南转为西，英格兰海军上将霍华德趁无敌舰队不备，指挥 8 艘纵火船冲向了西班牙船队的聚集区，西班牙无敌舰队慌作一团，各自为战，损失惨重。此后经历了 10 天惊心动魄的海上战斗，无敌舰队的士气开始崩溃，只能仓皇撤离，这就是著名的

⊙ **格拉沃利讷海战**

格拉沃利讷海战打破了西班牙无敌舰队不可战胜的神话，为英格兰和荷兰下一步更好地对抗西班牙积累了宝贵的经验。

格拉沃利讷海战。无敌舰队向北逃窜后，又在苏格兰附近海域遭遇了暴风雨天气，损失惨重，最后只有 65 艘船返回了西班牙。幸存者中的大多数人都患上了严重的坏血病和营养不良，很多人在踏上西班牙陆地后不久即一病不起。

无敌舰队的失利对西班牙是一个沉重打击，但不足以动摇它海洋帝国的地位，该事件最重要的影响是被视为上帝支持英国新教改革的一个标志。

## 英格兰反攻西班牙失利

西班牙无敌舰队在英西海战失败后陷入了虚弱中，伊丽莎白一世看到了打击西班牙海上力量的机会，于是组织了一支远征舰队企图彻底击溃无敌舰队。

公元 1588 年夏天英国舰队打败西班牙无敌舰队的格拉沃利讷海战与公元前 480 年萨拉米斯海战、公元 1805 年特拉法尔加海战，以及 1916 年日德兰海战，被史学家称为世界历史上最著名的四大海战。

在伊丽莎白一世的支持下，公元 1585 年英格兰成立了"摩洛哥公司"。公元 1588 年，又成立了"几内亚公司"。这些地区垄断性的商业集团纷纷前往非洲，从事不平等的贸易掠夺乃至贩运黑奴。这也使得英格兰与西班牙之间的矛盾日益突出。

德雷克的海盗船队因为在击败西班牙无敌舰队的战争中起到了至关重要的作用，德雷克因此被封为英格兰勋爵，登上海盗史上的最高峰。

在抗击无敌舰队的海战中获胜的英格兰并未给敌人以决定性打击，西班牙依然是欧洲最强大的国家，此后还不断派遣舰队远征英格兰。

⊙ 比斯开湾

比斯开湾位于北大西洋的东北部，英吉利海峡和直布罗陀海峡之间，东临法国，南靠西班牙，具有重要战略地位。

⊙ 伊丽莎白一世的宠臣罗伯特·达德利

罗伯特·达德利从侍从长开始一路荣升，最后成为莱斯特伯爵。虽然在罗伯特新婚妻子死于意外之后，有传言女王会与其结婚，但是事实上却没有。公元 1588 年，伊丽莎白一世失去了心爱的莱斯特伯爵，此后，女王为了怀念这个男人，把他写给自己的最后一封信一直保存到去世。

## 女王欲全歼西班牙无敌舰队残余船只

战后不久，伊丽莎白一世得到消息，无敌舰队残余的船只分别回到了西班牙控制着的比斯开湾的桑坦德和圣塞瓦斯蒂安。

伊丽莎白一世想一举全歼西班牙无敌舰队的残余船只，这样西班牙的海上力量将大受打击。因为英格兰舰队一旦摧毁了西班牙的全部舰队，就可以轻而易举地阻截来自美洲的西班牙运宝船和来自波罗的海的造船物资，西班牙即便有完备的造船技术，也会因为缺乏资金和材料供应而中止。

## 没有按照女王的命令，科伦纳·里斯本远征失败

为了完成全歼西班牙无敌舰队的计划，伊丽莎白一世动用了国库和私人财产，组建了一支远征舰队。这次远征采取了股份制形式，女王负担经费的 1/3，其余由这次远征的陆军司令约翰·诺里斯爵士、海军指挥官弗朗西斯·德雷克及其朋友和支持者筹集。这样一来，远征的目的复杂化了。在诺里斯和德雷克看来，摧毁无敌舰队的残余已不足挂齿，重要的是攻占里斯本，帮腓力二世的竞争者安东尼奥登上葡萄牙王位。对于伊丽莎白一世来说，明令取消进攻里斯本的计划几

◉ 战胜无敌舰队之后为
女王绘制的肖像图

图中的伊丽莎白一世浑
身洋溢着皇家威严气势，
一只手放在地球仪上，
仿佛全世界尽在她掌握
之中，脖子上戴着罗伯
特·达德利送给她的由
600 颗珍珠串成的珍珠
项链。

乎是不可能的，她所能做的只是向诺里斯和德雷克一再强调摧毁无敌舰队残余船只的重要性。

公元 1589 年 2 月 23 日，德雷克和诺里斯率领英格兰远征舰队出发，他们此行的目的有三个：一是摧毁比斯开湾的西班牙无敌舰队的残余船只；二是占领亚速尔群岛中的一些岛屿，以便阻截途经这里来往西、东印度群岛的西班牙运宝船队；三是堵截来自波罗的海的船只。

然而，英格兰远征舰队没有遵守女王的命令去比斯开湾摧毁西班牙船只，而是直接去了靠近里斯本的拉科鲁尼亚大肆掠夺，浪费了两星期的时间，并且在与当地人的战斗中削弱了自己的力量。

掠夺完拉科鲁尼亚后，德雷克和诺里斯又指挥英格兰远征舰队围攻了里斯本，而此时里斯本的西班牙人已经做好了迎战准备。结果可想而知，英格兰远征舰队不但没有攻下里斯本，还损失了大量的战船和士兵，被迫撤回英格兰。

这次远征花费超过 16 万英镑，大大超过预计，伊丽莎白一世个人负担了其中的 6 万英镑，远征的失败耗尽了伊丽莎白一世执政以来精心恢复的英格兰财政资源。被国民誉为民族英雄、长期深受伊丽莎白一世恩宠的德雷克，也因为这次失败逐渐失宠和被疏远了。

罗伯特·达德利去世之后，沃尔特·雷利进入女王的眼中，成为女王新的宠臣。

# 第六章
# 大不列颠的统一

伊丽莎白一世的去世标志着英格兰都铎王朝的结束，其表外孙詹姆斯一世继位，他来自苏格兰的斯图亚特家族，这个起源于法国的家族开始了对英国的统治。

◉ 詹姆斯一世

詹姆斯一世出生 5 个月后，就被苏格兰国内贵族加冕为王，称苏格兰的詹姆斯六世。

公元 1603 年 3 月 24 日，英格兰女王伊丽莎白一世去世后，他继承了英格兰王位，称英格兰的詹姆斯一世。

## 英格兰断头国王：查理一世

詹姆斯一世在位 22 年，虽然他常被形容为一位昏庸、自大、迫害清教徒与打击英国宪政体制的愚蠢君主，但不可否认的是，在欧洲正因三十年战争而骚动不已的时候，他给英格兰带来的和平是个了不起的成就。公元 1625 年，在他去世后，其子查理一世继位。

### 绅士查理，而不是国王查理一世

查理一世继承了父亲詹姆斯一世的英格兰和苏格兰王位，查理一世与他父亲不同，他儒雅高贵、品位高尚，有着无可挑剔的人品和操守，如果他不是国王而仅仅是亲王，那么他将会赢得无数

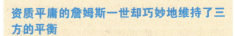

**资质平庸的詹姆斯一世却巧妙地维持了三方的平衡**

詹姆斯一世长相平平，举止粗俗，没有贵族气质，但他却喜爱读书。他在参观伦敦大学的图书馆时曾说："如果我不是国王，我宁愿做这里的囚徒。"

虽然他自大、狂妄以及相信君权神授，在处理国内事务时无能与无所作为，也无法解决英格兰国内的各种矛盾，但却维持了英格兰、苏格兰和爱尔兰三方超过 20 年的平稳，这是个了不起的成就。

的声誉和荣耀。可是成了国王的查理一世却变得飞扬跋扈、固执己见。他的行为充满了矛盾：一方面，在三十年战争中，他的失误成功地帮助了新教势力；另一方面，他又迎娶了一位信仰罗马天主教的公主，还重用当时具有争议的教会人物。他的很多臣民都认为这样做使英格兰教会与罗马天主教会的关系太紧密了，毕竟英格兰是新教的代表国家。此后，查理一世还试图迫使苏格兰进行宗教改革，从而引发了主教战争。这一切都让他成为英格兰人民和国会都不欢迎的人物，最后成了英格兰历史上唯一一个被推上断头台的国王。

### 伊丽莎白一世时期王权的扩张控制在议会能够容忍的范围之内

从公元 1215 年 6 月"无地王"约翰与贵族签订《自由大宪章》起，英格兰的王权都受限于议会。

伊丽莎白一世在统治英格兰的 45 年中，没有滥用自己的权力和威望，她终身节俭，不轻易发动战争。当王权与议会发生矛盾的时候，她总是会根据情况做出必要的让步。在她的一生中，王权的扩张始终控制在议会能够容忍的范围之内。

### 与议会之间有了不可调和的矛盾

可查理一世有着雄心壮志，充满野心，这就造成了与议会之间不可调和的矛盾。为了能够随意开征赋税，查理一世曾解散过议会，开始了 11 年的漫长独裁统治，他的一系列独裁政策引起人民的强烈不满，国内危机四伏，起义思潮蔓延，骚乱层出不穷。后来他迫于压力又重开议会，最后双方闹得不可调和，这期间英国历史上的一个著名人物、代表议会方的奥利弗·克伦威尔的声望越来越高，从而引发了内战。

公元 1623 年，还是英格兰的威尔士亲王的查理来到西班牙马德里，希望能迎娶西班牙公主，虽然未能如愿，但查理见识了西班牙国王的艺术收藏，这让他大开眼界，查理从此疯狂地爱上了收藏，变成了收藏控。他正是两年后继位的英格兰国王查理一世。

查理一世是詹姆斯一世与丹麦的安妮公主的第二个儿子。

◉《查理一世行猎图》

◉ 《马背上的查理一世》

## 国王军队不敌议会军队，查理一世被砍头

公元 1642 年 8 月，英格兰内战爆发。查理一世领军与克伦威尔率领的议会军开战。

### 克伦威尔发挥了他的统帅才能

起初，克伦威尔以上尉军衔统率一支 60 名志愿者组成的骑兵队与国王军队作战，这些人是由为数不多的自耕农组成的，但被查理一世的军队多次打败。

随着战争的深入，议会军的实力越来越强，公元 1643 年年初，克伦威尔从一个名不见经传的骑兵上尉成为骑兵团首领。公元 1644 年 7 月 2 日，克伦威尔率军在马斯顿荒原战役中击败国王军，展现了他卓越的指挥才能，这场战役也是议会军从失败走向胜利的转折点。

◉ 马斯顿荒原战役

马斯顿荒原战役是英格兰内战中的一场决定性战役。此战役中，克伦威尔指挥的议会军打败了国王军，打死 3000 多人，俘虏 1500 人。克伦威尔的部队因此战役以"铁骑军"闻名全国。克伦威尔也借此战成名，并且由此攫取了英国最高权力。

### 查理一世被判处死刑

此后，议会军的行动主要是肃清王党守军，最后在内斯比战役将查理一世的军队彻底击溃，查理一世化妆逃离司令部，前往苏格兰誓约派部队的兵营，而此时誓约派已与英格兰议会军结盟，誓约派将查理一世交给了英格兰议会。公元 1647 年，查理一世落入了托马斯·费尔法克斯和奥利弗·克伦威尔手中。

查理一世被软禁在汉普顿宫，克伦威尔和费尔法克斯希望与国王在书面宪法的基础上言和，可查理一世并不买账。他从软禁的汉普顿宫逃到了怀特岛，通过许诺各种条件，鼓动苏格兰人派出了一支勤王军，结果还是被克伦威尔打败了，查理一世再次被抓后关押在怀特岛的卡里斯布鲁克城堡。公元 1649 年 1 月 27 日，查理一世被判处死刑，罪名是背叛国家和人民。

1 月 30 日早晨，查理一世被推上伦敦白厅前的广场上搭起的断头台，他面带微笑，态度从容，为了维持自己王者的尊严，他冷静地说："死亡对我并不可怕，感谢上苍，我已准备好了。"他先朗诵了自己做的一首诗，然后泰然自若地称自己是人民的殉道者，自己走到断头台前，结束了 49 岁的一生。

查理一世被处死不久，当年 5 月，克伦威尔宣布英国为共和国，成为实际军事独裁者。

◎ 托马斯·费尔法克斯

托马斯·费尔法克斯，英国军事家，约克郡人，曾在英格兰内战中担任议会军统帅并取得胜利。他曾镇压长老派和平等派。公元 1650 年他不满奥利弗·克伦威尔实行独裁统治，愤而离职。

⊙ 豪华的汉普顿宫

汉普顿宫完全按照都铎式风格兴建，内部有 1280 个房间，是当时英格兰最华丽的建筑。

红衣主教托马斯·沃尔西在公元 1515—1521 年中投入巨资，把这座 14 世纪的庄园改建成英格兰最奢华的宫殿。

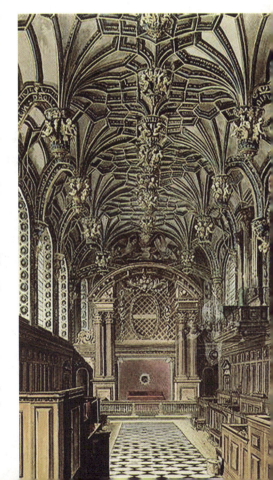

◎ 查理一世被砍头

公元 1649 年 1 月 30 日，查理一世作为内战失败者被押上断头台，在伦敦白厅前的广场被处死。查理一世也是唯一一个被处死的英国国王，之所以说查理一世是失败者，而不是人民公敌，那是因为他确实不是人民公敌，而只是议会和共和派的公敌。也正因为如此，查理一世是被处死而不是被关押。

在公元 1649 年被处决之前，查理一世已经拥有了大约 2000 件藏品。有些是国王亲自购买的，有些来自大臣或使者的赠送，有些则是宫廷画家的创作。

## 知识链接：英格兰法律《民权宣言》

詹姆斯一世登基后，新上任的威廉·劳德大主教提倡君权至上，这让他逐渐开始信任天主教，于是宗教变成了打击英格兰崇尚自由人士的工具，劳德大主教也成了詹姆斯一世的宠臣。

查理一世上位后，对他来讲，无论是崇尚自由的人士还是天主教徒或者其他信仰者都不重要，他需要的是更多的钱。

查理一世甚至向臣民借钱，他以武力方式向有钱的人施压，让他们"自愿缴纳"，约翰·汉普登就是最早的受害者。

约翰·汉普登很有钱，他所纳的税款在国王的眼里"过于敷衍"，于是被抓进了监狱，对他进行逼问和拷打，约翰·汉普登却态度坚决地回答："要钱没有，要命一条！"

克伦威尔处死了查理一世后，为了偿还内战带来的庞大债务，变卖了查理一世的大多数藏品。尽管后来查理二世复辟以后收回了相当一部分，但是还是有一些永久地留在了海外。

◉ 《查理一世一家》

◉ 约翰·汉普登

约翰·汉普登，生于伦敦，是克伦威尔的表兄。先后就读于牛津大学马格达伦学院和内殿律师学院。英国革命时期议会派领袖。因拒绝支付公元1626年查理一世强征的借款而于第二年被监禁，获释后一直与国王势力斗争。

面对这种"铁公鸡"，查理一世也拿他没办法，弄死他很容易，想要合理、合法地获得他的财产却不容易，于是查理一世再次召集被解散的议会，希望议会能给出法律的支持，然而下议会的态度比之前更为坚决，并且还拟定了一份名为《民权宣言》的章程，对人权、财产和言论自由进行保护，一项堪比《自由大宪章》的法律就在这种情况下诞生了。

## 护国主克伦威尔统治英格兰、苏格兰、爱尔兰

查理一世被处决之后，消息传到了苏格兰的首都爱丁堡，这激怒了苏格兰整个国家。当即，苏

◉ 威廉·劳德大主教

公元1633年任坎特伯雷大主教。因在苏格兰强制推行英格兰的宗教仪式而引起公元1639年的主教战争。公元1640年以叛国罪被捕。公元1645年被处死。

◉ 查理一世的藏画

这是宫廷画师所画的少年时期的查理二世和威尔士王子。

◉ 德罗赫达遗迹

德罗赫达，爱尔兰东部港市，临爱尔兰海，南距首都都柏林 40 千米。有棉纺、制革、酿酒、造船和水泥等工业，出口牛和牛肉。有圣劳伦斯门、古城墙、大教堂等遗迹。

德罗赫达城墙坚硬，克伦威尔调集了重炮轰击之后，德罗赫达的防御工事几乎崩溃，然后大军进城屠杀。

格兰贵族拥护了查理一世的儿子查理二世为新一任英格兰和苏格兰的国王。

## 远征爱尔兰

英格兰议会获知查理二世继承王位后，便紧急通知了克伦威尔，而此时克伦威尔正带领英格兰议会军进军爱尔兰。

**凶残嗜杀的克伦威尔征服爱尔兰之路**

公元 1649 年 8 月 15 日，克伦威尔在爱尔兰的都柏林登陆，于 9 月 3 日攻下了距都柏林北部 40 千米的德罗赫达，克伦威尔下令将城内投降的敌人以及男女居民全部杀光。大屠杀整整进行了两天，死难者达 3500 人。屠杀惨况吓得周边的爱尔兰城市卡林福德和纽里的守军不战而降。10 月，克伦威尔挥兵南下，夺取了另一处爱尔兰要塞韦克斯福德，克伦威尔的部队攻入城内后在大街和广场上屠杀了 2000 名俘虏。

之后，克伦威尔乘胜攻克新罗斯、瓦特福、科克等城镇，取得一系列胜利。

**爱尔兰人的顽强游击战并不能阻止英军的脚步**

爱尔兰人并没有放弃斗争，他们利

用内陆的山地和沼泽的复杂地形，同英军
展开了顽强的游击战。公元 1650 年 5 月，
克伦威尔攻打克朗梅尔时吃了一个大败
仗，2000 多名英格兰官兵被歼灭。无论在
英格兰还是在爱尔兰的战场，克伦威尔还
从未遭受过这样大的损失，不过这并不妨
碍克伦威尔在爱尔兰的征服脚步。

公元 1650 年 5 月 26 日，克伦威尔收
到英格兰议会的通知，奉命撤军回国，他
留下部分军队继续向爱尔兰腹地深入。公
元 1651 年 6 月，北方重镇累特尼被攻陷。
公元 1652 年 5 月，西部重镇戈尔韦也落
入英军手中。

至此，爱尔兰全境基本被英格兰控制。

## 吞并苏格兰：与其等苏格兰人进攻，不如主动出兵

当苏格兰贵族拥立查理二世为英格兰
和苏格兰的国王之后，就开始筹备军队准
备攻打英格兰，而克伦威尔被议会从爱尔
兰召回后，便开始研究对策，准备迎击苏
格兰军队。

善于冒险的克伦威尔觉得：与其在英
格兰死等苏格兰人进攻，把战场开在自己

"灵堂剑" 是公元 1649 年英格兰国王查理一世
被处决后，为了纪念 "处死查理一世" 这一重大
历史事件而产生的形制，为英国独有。

◉ 韦克斯福德古城堡

韦克斯福德，爱尔兰东南部城市，韦克斯福德郡
首府。临大西洋的圣乔治海峡。

◉ 克伦威尔远征爱尔兰时的佩剑

英国皇家军械博物馆藏剑，为克伦威尔在公元 1649
年远征爱尔兰时的佩剑。这柄剑剑刃长度为 81 厘米，
总长为 97 厘米，重约 1077 克。篮形护手有纵向与
横向金属条相连。为当时流行的 "灵堂剑" 形制。

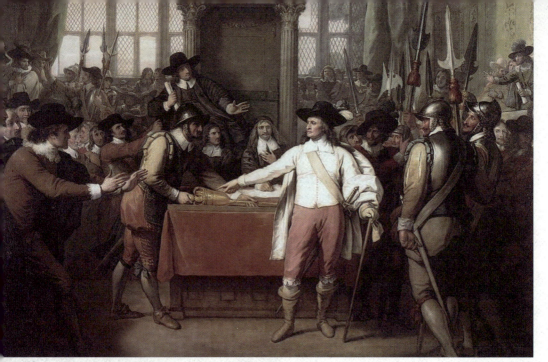

◉《克伦威尔解散长期议会》—1863年木刻版画

公元1653年4月，克伦威尔率领一支火枪队驱散了议会，建立英吉利共和国，出任护国公。

国土上，不如主动出兵苏格兰。

于是，克伦威尔集中了英格兰所有的军舰，绕行到苏格兰军队的后方，在伍斯特一战中击溃苏格兰军，查理二世被迫逃亡法国，克伦威尔随即占领了整个苏格兰。

## 生前荣耀，死后被鞭尸

克伦威尔靠武力掌控了英格兰、爱尔兰和苏格兰的大权。公元1653年12月16日，克伦威尔以武力逼迫英格兰议会的议长将自己任命为英格兰、苏格兰、爱尔兰的护国主，即英格兰、苏格兰、爱尔兰的最高统治者，还在伦敦举行了一场盛大的就职典礼。

克伦威尔虽然没有自封为英格兰国王，但是其独裁政策非常不得人心，在他成为护国公3年后，有人匿名出版了一本小册子，鼓励人们将他刺杀。

◉ 英格兰国王查理二世

公元 1658 年 9 月 3 日，克伦威尔因病去世，享年 59 岁。他死后不久，查理二世复辟，查理二世以及长老派非常憎恨克伦威尔，就把他的尸体挖了出来，将其头颅砍下，用钉子钉在一个教堂的屋顶上，以起到警示和恐吓的作用。

## 克伦威尔的海权战略

克伦威尔统一了英伦三岛，创立了和谐的内政环境，这为英国海军的发展创造了条件。在克伦威尔时代，英国海军战舰从公元 1649 年的 39 艘猛增至公元 1651 年的 80 艘，其中大部分是二层甲板并拥有 60 ～ 80 门炮的巨型战舰。

克伦威尔加强了海军训练和管理：改善水兵的薪饷膳食；制定奖金制度，犒劳俘虏或击沉敌舰有功的士兵；还专门从陆军中选出士兵担任职业海军军人，并任命经验丰富的职业军官指挥海军。

他还通过制订《航海条例》，合理地维护了英国在海外的殖民统治，同时还打败了荷兰，并且通过外交手段，不断地拓展英国的海外殖民疆域。

克伦威尔的一生通过法律、军事和外交手段，不断地扩张和保持英国的海洋霸权，在其死后的英国政府，包括复辟王朝在内的英国执政者都继承了克伦威尔的海权战略思想，可以说克伦威尔的时代是英国海权的初兴阶段，克伦威尔及其统治下的政府颁布的海权政策，为最强大的"日不落帝国"——英国的海洋霸权奠定了基础。

## 欢乐王查理二世的上位传奇

查理二世是查理一世的嫡长子，个性活力四射并奉行享乐主义，生前获得多数英国人的喜爱，以"欢乐王""快活王"的绰号闻名。

⊙ 克伦威尔的头颅

克伦威尔死后 20 多年，其头颅流落到了私人收藏家的手中，成了私人收藏品。1960 年，克伦威尔的头颅被其母校剑桥大学收回并安葬在苏塞克斯学院地下。

## 从"叛国者之子"到国王

查理一世被处死后，公元 1651 年 1 月 1 日查理二世曾返回不列颠岛，在苏格兰举行盛大的加冕仪式。

### 保王党全军覆没，查理二世变成"叛国者之子"

查理二世在苏格兰贵族势力的支持下，以苏格兰军队最高统帅的名义，组建了一支 2 万人的精锐保王党部队，打着复仇旗号，由苏格兰向伦敦发起进攻，可是还没等这些人进城，英格兰义愤填膺的革命者就把查理二世团团围困，这些不愿再受封建君主统治的普通民众主动入伍配合"新军"作战，很快就将保王党军队逼入伍斯特郡。

经过 3 小时的激烈巷战后，保王党全军覆没，仅查理二世一人逃脱，开始流亡。

得知查理二世逃脱消息的克伦威尔怒不可遏，为绝后患，他当即诏告全国民众，拿出 1000 磅黄金重赏举报者，悬赏捉拿在逃的"叛国者之子"查理二世，如果有人包庇，将会被处以绞刑。

为了躲避克伦威尔的追杀，查理二世逃到了法国和荷兰，但这两国都拒绝接纳他。他转而去了西班牙，欧洲各国的君主都对他不感兴趣。在这段流亡生活中，他穷困潦倒，有时连住旅馆的钱都没有。他只要有了钱就尽情享受，也因此精通各种艺术。他的母亲和姐妹曾劝他改奉天主教但遭到拒绝。

◎ 橡树

### "皇家橡树"的来源

这是一棵救了查理二世命的老橡树。查理一世被克伦威尔赶下台并处死后，他的儿子查理二世逃亡后得到了苏格兰的支持，公元 1651 年 8 月，查理二世为报父仇率领苏格兰人攻打英格兰，被克伦威尔率军全歼，查理二世只身出逃，被追兵紧追，在紧要关头，查理二世发现了一株中空的老橡树，于是侧身藏于其内，避过追兵。

克伦威尔死后，查理二世夺回王位，他将那棵老橡树封为"皇家橡树"。

自此，"皇家橡树"成了战神，也成了英军的吉祥物，有 4 艘英国皇家海军的战舰以它命名。

**克伦威尔病逝，保王党占据上风，查理二世回国继位**

公元 1658 年 9 月 3 日，克伦威尔病逝，其子理查·克伦威尔继任"护国主"，因根基尚浅且名望不足，无力镇压反叛贵族和老派军官，新军内部迅速分裂为两派。英国再次陷入混乱阴霾之中，保王党逐渐占据上风，国会公开声明支持君主制，赞成王室复辟，保王党将领乔治·蒙克开始积极奔走，迎请查理二世回国继位。

公元 1660 年 5 月 23 日，查理二世在荷兰海牙码头辞别前来欢送的荷兰贵族们，在一片鼓乐声中，查理二世春风得意地登上等待已久的英国军舰，接受前来迎驾的约克公爵觐见礼后，查理二世令舰队起航前往伦敦。

公元 1661 年 4 月 23 日，查理二世在威斯敏斯特教堂加冕为不列颠国王（包括英格兰、苏格兰及爱尔兰），斯图亚特王朝正式复辟。

## 从"享乐主义者"到人人喜爱

查理二世的性格比查理一世更加开放，重登王位之后，他兑现了之前的诺言，宣布《布雷达宣言》有效，给予所有基督徒"良心上的自由"，允许他们自由

公元 1669 年，由于凯瑟琳的倡导和推动，茶叶第一次被英国东印度公司以公司名义输入英国本土，这是从福建商船那里买到的 143 磅茶叶。在当时英国贫民家庭年收入只有 20 英镑时，茶叶最高被卖到 10 英镑一磅。

◉ 王后凯瑟琳

葡萄牙国王若奥四世之女凯瑟琳，查理二世的王后，远嫁英国后，除了为查理二世带来了大量财富，还带来了在葡萄牙已经流行开来的中国茶叶。

◉ 诗人埃德蒙德·瓦勒

公元 1663 年，诗人埃德蒙德·瓦勒为凯瑟琳写了一首生日诗《茶之颂》，高度赞颂了她对英国的两大贡献：茶以及在东印度进行贸易的机会。

信仰天主教、安立甘宗或是清教，并大力废除克伦威尔时期"清教徒般的禁欲制度"。不仅如此，他还宣布放弃追缴革命时期被拍卖的王室土地，还同意了以后每年王室开支由议会进行拨款。

对于英国的平民百姓来说，查理二世的所作所为既解禁了清教的道德禁欲制度，也带回了他们盼望的美好生活。一番宽松的政策下来，查理二世获得了社会各阶层的真心爱戴。

查理二世虽然与许多帝王一样，喜欢追芳猎艳，但是对于不育的王后，却从未有过换王后的想法；虽然他性格散漫，但是对国政大事从不怠惰，他向来喜欢亲力亲为，考察所任官吏，视察各地民情，在知人善任的同时也愿意放权，国王、首相和内阁大臣三者之间相处融洽。

依靠自己弹性多变的执政方针，查理二世成功处理了一系列重大事件，无论是其继位不久爆发的"天主教阴谋案"、两次"英荷战争"战败，还是对法兰西关系骤变，他都能使自己与英国转危为安，甚至全身而退。因此，查理二世曾被后世史学家视作英国国王中的"机警擅长权谋的政治家"与"英国史上十二位最伟大君主"之一。

◉ 查理二世与他的妻子凯瑟琳王后

查理二世虽然吃喝有节制，但是好色，情妇无数。他至少和情妇有 14 个私生子，但他的王后却终身未育。公元 1685 年查理二世去世，在没有合法继承人的情况下，王位传给了他的弟弟詹姆斯二世。

# 第七章
# 英荷战争

荷兰的航海、殖民优势，特别是对海洋贸易的垄断，对英国的商业发展与殖民扩张是一个直接的威胁，两国的矛盾逐渐深化，导致了昔日的盟友最终撕破了脸皮。

## 荷兰崛起，与英国之间的海洋贸易纷争开始

在克伦威尔执政时期，英国的军队焕然一新，实力大增，海军更是扩大了3倍之多，由原来的40艘主力舰扩大到了120艘，并拥有了当时世界上最好的舰船与船员。

随着英国日渐强大，有了与荷兰海军抗衡的实力，面对荷兰对海洋贸易的垄断，英国开始还击。

⊙ 泰晤士河的船坞

为了打破荷兰的海洋贸易垄断，英国将全部税收都供给军用，英国泰晤士河的船坞每日都在紧张地建造军舰，使英国的军舰数量及火力配置呈爆炸式发展，短时间内完全优于荷兰海军。

⊙ 与西班牙作战的荷兰舰队

荷兰海军的成立时间可以追溯到公元 1488 年 1 月 8 日，是由神圣罗马帝国皇帝马克西米利安一世颁布的"海洋法规"而起。

## 荷兰飞速崛起

荷兰地处尼德兰地区，面积仅有 4 万多平方千米，自然资源贫乏，依靠贸易成为一个富庶的地区，在西班牙之前一直归法国所有，后来因为勃艮第公国与神圣罗马帝国的联姻落入哈布斯堡家族手中，查理五世成为神圣罗马帝国皇帝后，荷兰也成了西班牙的属地。

八十年战争后，荷兰摆脱西班牙的统治，彻底独立，经过几十年的发展，荷兰的商船队拥有 1.6 万余艘船只，占欧洲商船总吨位的 3/4、世界运输船只的 1/3，凭借着超强的商船运输吞吐能力和注重信誉的经商之道：波罗的海沿岸地区的粮食，通过荷兰商船运往地中海；德意志的酒类、法国的手工业品、西班牙的水果和殖民地产品，由荷兰商船运往北欧；荷兰东印度公司通过在海外行使国家权力与商人的手段，到中亚及中国、日本等地贸易，并占据了号称"黄金航线"的"香料贸易"，全世界的财富源源不断的往荷兰输送，荷兰变得非常强大，一度被称为"海上马车夫"。

强大后的荷兰已经不把昔日的盟友英国放在眼里了。

⊙ 荷兰东印度公司 LOGO 雕像

⊙ 荷兰东印度公司贩运的中国瓷器

## 曾经的盟友因利益反目

荷兰在俄国和波罗的海各国、在北美殖民地和东亚各国、在地中海和西非沿岸地区等，倚仗雄厚的资本，基本上垄断了当时各国的贸易。只要有荷兰人的地方，就到处排挤英国商人。

公元 1649 年，荷兰又与丹麦签订条约，获得货船免税通过松德海峡的权利，从而掌握了这一地区的贸易优势，而且还把捕鱼船开到了英国水域，肆意捕捞鱼虾等水产品，甚至把这些水产品直接拿到英国市场上出售，牟取厚利。这些情况激起了英国人的愤怒。

公元 1651 年，英国议会通过了新的《航海条例》，规定一切进入英国的

◉ 鲱鱼捕捞

荷兰人有一套鲱鱼捕捞以及保鲜技术，他们在英国海域捕捞鲱鱼，直接加工完后低价卖给英国人，这大大冲击了英国的捕鱼业，同时也是对英国海权的一种挑衅。

◉ 公元 1660 年英国议会就《航海条例》实施辩论

公元 1651 年，英国颁布《航海条例》。公元 1660 年经过英国议会辩论后，又补充了许多内容。

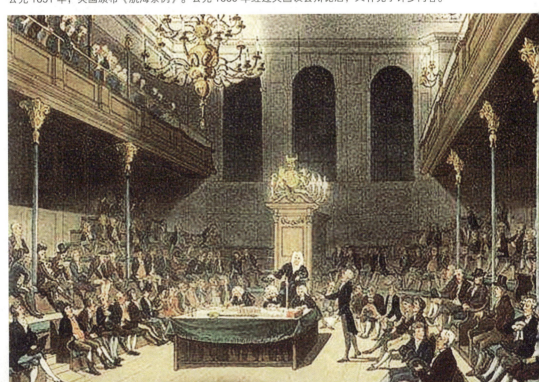

货物，必须由英国船只载运，或由实际产地的船只运到英国，英国有意地开始进行地方保护措施。

这个条例摆明是针对靠航运起家的荷兰，只不过是通过其他国家的贸易中介，抵制荷兰航运业。

荷兰与英国之间的矛盾空前激化起来，荷兰强烈反对英国的《航海条例》，英国则拒绝废除，昔日的盟友之间自此笼罩着战争的阴云。

◉ 荷兰海军上将马顿·特罗普

马顿·特罗普，荷兰海军统帅，荷兰共和国最伟大的海军上将之一。是荷兰与西班牙、英国的历次海战中军衔最高的海军指挥官（1636 年起）。他在唐斯海战中击败西班牙人，使西班牙海上霸权的地位渐趋式微。

## 第一次英荷战争

随着两国矛盾加深，英荷两国间的海上冲突逐渐增多，英国海军强迫在英国管辖的海域航行的各国军舰和商船，需要向遇到的英舰致敬并降旗，这成了第一次英荷战争的直接导火索。

### 第一次英荷战争的大幕就此拉开

◉ 马顿·特罗普纪念币

公元 1652 年 5 月，英国海军上将布莱克率领 20 多艘军舰在英吉利海峡东部的多佛尔海峡巡逻，与荷兰海军上将特罗普率领的 42 艘为商船护航的军舰不期而遇。依照惯例，布莱克要求荷兰舰队向其致敬，遭到拒绝，荷兰舰队反而向英格兰人举起拳头，于是双方积蓄的恩怨一下子爆发出来。

布莱克首先下令炮击特罗普的护航舰队，特罗普随即指挥舰队成攻击队形，对英格兰巡逻军舰进行了猛烈还击，两支舰队展开了长达 4 个多小时的炮战，荷兰损失了 2 艘战舰，布莱克的旗舰"詹姆斯"号被射穿了 70 多个弹孔。

第一次英荷战争的大幕就此拉开。

## 荷兰海军实力优于英格兰，但是同样疲惫不堪

公元 1652 年 7 月 28 日，英荷两国正式宣战。英国制定的战略是扼守住多佛尔海峡和北海的荷兰从事海外贸易的主要通道，并且派出大量海盗船只对荷兰商船进行劫掠，使得成千上万艘满载货物的荷兰商船被迫停在港内而不敢擅自出港。

◉ 英国海军上将罗伯特·布莱克

罗伯特·布莱克（1599—1657 年），英国海军舰队司令，海军上将，海军战术革新家。英国资产阶级革命开始后，他追随克伦威尔从事军事工作。由于精明强干，学识渊博，信仰清教，受到克伦威尔器重。为英国进行海外扩张和夺取海洋霸权做出了重要贡献。

◉ 第一次英荷海战

面对英国海军的封锁，荷兰海军通过厄尔巴岛海战、里窝那海战的胜利使英国在地中海的贸易完全陷入瘫痪状态。英荷双方都被战争搞得疲惫不堪，于是同意进行和谈。荷兰从这次英荷战争中领悟到战舰上的弱势，之后开始各个重大的造船计划，在各地开始建造风帆战列舰。

为了冲破英国的封锁和打击英国海盗，确保荷兰海上贸易通道的畅通，特罗普亲率舰队出海为商船护航，同时对多佛尔海峡（包括北海在内）和地中海地区的英国目标进行了多次打击。

双方经过两年的战争，互有胜负，从表面上看荷兰海军力量要优于英国，但是因为英国海军对荷兰海上贸易通道的封锁，同样使得荷兰疲惫不堪。

第一次英荷战争结束后，公元1655年春，罗伯特·布莱克奉命指挥27艘战舰驶抵突尼斯西岸，炮击了著名的巴巴里海盗的巢穴，击沉海盗战舰9艘，并摧毁了其岸基炮群。公元1657年，罗伯特·布莱克又用舰炮袭击了西班牙的圣克鲁斯港，摧毁了西班牙分舰队和岸基炮群。它开创了海战史上第一次用舰炮打击岸炮的壮举。公元1657年夏天，病重的布莱克奉召回国后不久就去世了。

⊙病重躺在船舱中的罗伯特·布莱克

## 签订《威斯敏斯特和约》

荷兰经济有其薄弱的一面：过度依赖对外贸易。在英国海军绞杀式的封锁之下，这个弱点很快就暴露出来了。据说当时荷兰阿姆斯特丹街道上杂草丛生，乞丐遍地，将近1500所房屋无人居住。

英国海军的封锁几乎使得荷兰处于民穷财尽的窘境，于是荷兰被迫与英国进行和谈。

英荷两国经过了近两年的和谈，于公元1654年4月15日签订了《威斯敏斯特和约》。

根据《威斯敏斯特和约》，荷兰承认英国在东印度群岛拥有与自己同等的贸易权；并同意支付27万英镑的赔款；同意在英国海域向英国船只敬礼，并割让大西洋上的圣赫勒拿岛。

第一次英荷战争后，两国都意识到了争夺海洋和商业霸权的重要性。英国则更认真地贯彻了《航海条例》，更严厉地打击了荷兰的海洋贸易垄断，用国家的力量扶持本国的航运事业和殖民地贸易。

⊙ 英国皇家海军军旗

## 第二次英荷战争

第一次英荷战争结束了，但这只是英荷两国争夺海洋和商业霸权的开始，并没有从根本上解决两国之间的政治和经济矛盾。

纽约的英文意思是"新约克"，其原因是当时英军占领新阿姆斯特丹之后，作为一份生日礼物送给英国约克郡的公爵詹姆斯二世。

⊙ 詹姆斯·约克公爵

詹姆斯·约克公爵，即詹姆斯二世，他是查理一世的次子，查理二世的同母弟。他在第二次英荷战争和第三次英荷战争初期担任皇家海军最高指挥官，勇敢果断地指挥了一系列海战。他也是从事奴隶贸易的皇家非洲公司的首领。公元1685年查理二世死后没有合法继承人，詹姆斯二世继位成为英格兰国王。

## 面对英国人的挑衅，荷兰人不得不再次拿起武器

第一次英荷战争后，荷兰虽然默认了英国颁布的《航海条例》，但是《航海条例》对荷兰的海洋贸易和航运业造成的损失是巨大的，使荷兰在全世界贸易中所占份额逐渐下降。

英国国王查理二世继位不久，授予英国海军"皇家海军"的称号，任命他的弟弟詹姆斯·约克公爵为最高指挥官，并且颁布了更为苛刻的《航海条例》，同时英国向荷兰的海外殖民地展开了新的攻势。英国之所以敢这样做，是因为此时皇家海军的实力已经今非昔比，敢直面荷兰海军了。

公元 1663 年，英国得寸进尺，组织"皇家非洲公司"开始进攻荷兰在非洲西岸的殖民地，并于公元 1664 年占领了荷兰在这里的贸易据点，企图从荷兰人手中夺取一本万利的象牙、奴隶和黄金贸易。

公元 1664 年 4 月，英国海军远征队占领了荷兰在北美的新阿姆斯特丹，并将其改名为纽约。

面对英国一再的挑衅，公元 1664 年 8 月，荷兰海军 8 艘战舰收复了被英国占领的原荷属西非据点；公元 1665 年 2 月 22 日，荷兰正式向英国宣战。

## 第二次英荷战争爆发

英荷双方于公元 1665 年 6 月 13 日在英格兰东海岸外的洛斯托夫特海域展开大规模的海战。

◉ 新阿姆斯特丹的荷兰守军向英国人投降

公元 1626 年，荷兰殖民总督彼得·米纽特用一些珠子和布料（价值 24 美元左右）和当地印第安人换得曼哈顿岛，他给这个地方起名为新阿姆斯特丹，后来随着荷兰对美洲的殖民深入，以新阿姆斯特丹为中心建立起了美洲殖民地。公元 1664 年 4 月，英国打败了荷兰在美洲的势力，夺走了新阿姆斯特丹，并将其改名为纽约。

查理二世在公元 1665 年和 1672 年发动了两次英荷战争，结果因为战局不利，得失参半；国内政局反而卷入外国势力的斗争中，深受法国和荷兰的操控与干扰。

### 荷兰海军战败逃脱，英国海军企图乘胜北上俘获荷兰商船

荷兰海军由于德·鲁伊特远征非洲来不及返回，而由沃森纳尔和奥布丹指挥。英国海军在舰艇大小与火炮威力方面都要优于荷兰海军。战争开始时荷兰军舰处于有力的顺风位置，但指挥系统未能掌握时机主动攻击。等到风向改变之后，荷兰军舰才顶风攻击。在激战中，荷兰旗舰"伊恩德纳赫特"号被击中弹药库，发生爆炸，两位舰队指挥官沃森纳尔和奥布丹双双阵亡。荷兰船只纷纷溃逃，损失惨重。而英军由于信号错误延误了时间，未能有效追击。

虽然英国在洛斯托夫特海战中战胜了荷兰，但是并没有加强对荷兰的封锁，因为当时英国伦敦黑死病流行，英国财政又长期虚弱，这都使得英军不能保持充足的供给和高昂的士气，所以洛斯托夫特海战获胜后，英国人更关注的是抢劫荷兰船队的战利品，企图乘胜俘获停在北欧挪威卑尔根港内的70艘荷兰商船。

⊙ **黑死病时期的鸟嘴医生**
黑死病成了当时最可怕的杀手，欧洲人对黑死病的恐惧远胜于对战争的恐惧。

⊙ **洛斯托夫特海战**
洛斯托夫特海战双方军力比较：荷兰舰队拥有103艘军舰，搭载4869门炮和21 613名人员，并将舰队分为3支分舰队。
英国舰队拥有109艘军舰，搭载4542门炮和22 055名士兵，并将舰队分为不少于7支分舰队。

### 德·鲁伊特临危受命

公元 1665 年 8 月 6 日，德·鲁伊特临危受命统率荷兰海军，他是荷兰历史上最优秀的海军将领，曾数度救荷兰于危难之中。

德·鲁伊特率领荷兰舰队驶往挪威，保护停在卑尔根港内的商船队回国，由于他指挥得当，及时救出了停在卑尔根港内的商船，仅有 10 艘商船因为风浪掉队而被英国海军俘获。

在德·鲁伊特的出色指挥下，荷兰海军游弋于英吉利海峡、巡逻于泰晤士河口外，为了有效地保护荷兰的对外海上贸易，与英国海军大小海战不断，然而即便如此，荷兰也仅仅是只能勉强维持交通线，此时英国的战略优势仍然存在。

## 荷兰海军统帅德·鲁伊特沿泰晤士河而上，空袭梅德韦港

公元 1666 年年初，荷兰和法国、丹麦结成了联盟，法国为了帮助荷兰，派出战舰牵制了英国皇家海军的 20 艘战舰，英国的海军力量由此分散，丧失了优势，此时英荷双方海军的实力处于平衡状态，第二次英荷战争进入僵持阶段。

◉ **荷兰海军新统帅德·鲁伊特**

第二次英荷战争期间，荷兰海军新统帅德·鲁伊特抛弃了原来保护商船队的做法，而是将海军独立出来，寻找与英军单独作战的机会。

◉ **突袭梅德韦港**

为了偷袭英格兰，荷兰海军上将德·鲁伊特组建了 10 艘福禄特商船，搭载了新成立的荷兰海军陆战队 2700 名士兵。这应该是世界上第一次专门从事两栖登陆的海军陆战队了。

公元 1666 年 6 月 17 日，德·鲁伊特率领 59 艘荷兰
战舰，趁着夜色来到了英国的泰晤士河口，在河水涨潮
之际，逆流而上，摧毁了英国沿岸的几处炮台，并且还
突袭了停泊在梅德韦港的英国战舰。英国皇家海军的"马
蒂亚斯"号、"皇家詹姆斯"号、"忠诚伦敦"号，"皇
家橡树"号被荷兰燃烧船攻击焚毁，"皇家凯瑟琳"号
遭到重创，"皇家查理"号被俘获。在毫无阻拦的情况下，
荷兰海军安全撤退，临行之时还将"皇家查理"号拖回
了荷兰。

荷兰海军的这一次袭击给英军造成了高达 20 多万
英镑的损失，并且大大挫伤了英国皇家海军的锐气。

## 签订《布雷达和约》

不久，英国又爆发了黑死病和伦敦大火，接连的变
故让英国无力再战。

◉ 伦敦大火纪念碑

伦敦大火发生于公元 1666 年 9 月 2—5 日，开始是伦敦布丁巷有一间
面包铺失火，随后的大风使火焰席卷了伦敦整个城市，大火连续烧了
4 天，包括 87 间教堂、44 家公司以及 13 000 间民房被焚毁，伦敦大
约 1/6 的建筑被烧毁，包括圣保罗大教堂。这是英国伦敦历史上最严
重的一次火灾，但这次大火也解决了自公元 1665 年以来伦敦的黑死
病问题。

伦敦大火造成了大约
1000万英镑的经济
损失。当时伦敦市的
年收入是1.2万英镑，
按当时伦敦的收入来
计算，灾难损失需要
800年才能弥补。

公元1667年7月31日，英荷双方签订了《布雷达和约》，根据和约，英国放宽了《航海条例》的规定，放弃了在荷属东印度群岛方面的权益，并归还了在战争期间抢占的荷属南美洲的苏里南；荷兰正式割让哈得孙流域和新阿姆斯特丹，并承认西印度群岛为英国的势力范围。这让荷英两国更加清晰了彼此的势力范围。

### ◉ 填埋因黑死病死亡之人

伦敦大火的前一年（1665年），欧洲爆发黑死病，仅伦敦地区就死亡6万人以上。开始尸体被安放在教堂的墓地，随着死亡的人数增加，教堂墓地根本无法满足需求，于是，伦敦城周围出现了数十个甚至上百个"万人坑"，大量尸体被潦草地堆放其中。据民间传言，后来伦敦修建地铁，为了避开这些"万人坑"，才把地铁线站与站之间修得弯弯曲曲的。

# 第三次英荷战争

为了抢夺对方的利益，两次英荷战争，双方都没有讨到什么便宜。与此同时，法国国王路易十四亲政，他励精图治，企图称霸欧洲。

## 法国从陆路攻击，英国从海上进攻

公元 1667 年开始，法国对西属尼德兰用兵，荷兰因为担心法国占领西属尼德兰后会威胁自己的国土安全，于是出面干涉。

### 路易十四与查理二世密谋，第三次英荷战争爆发

荷兰的行为让野心勃勃的路易十四非常愤怒，他没想到盟友荷兰会反对自己，于是与英国密谋，由法国向英国提供资金援助，两国共同图谋荷兰。查理二世本来就有心报仇，在法国的一通撺掇之下，于公元 1672 年法国向荷兰宣战之机，未经国会批准同意，直接向荷兰开战，爆发了第三次英荷战争。

### 荷兰决堤抵御陆路的法军

英法联军一起向荷兰进军，法国由陆路进攻荷兰，而英国则从海上进攻，法军在重装骑兵的掩护下如入无人之境，荷兰南方四省瞬间沦陷。

荷兰联合西班牙、奥地利、普鲁士，迫使法军分兵，随后又挖开了阿姆斯特丹附近守护了荷兰人几百年的海堤，将荷兰与法军之间的土地变成一片汪洋。面对挡在眼前的一片海水，法军悻悻离去。

⊙ 法国国王路易十四

路易十四（1638—1715年），全名路易·迪厄多内·波旁，自号太阳王，是波旁王朝的法国国王和纳瓦拉国王。在位长达 72 年 3 月 18 天，是有确切记录的欧洲历史中在位最久的独立主权君主。

英国国王查理二世与法王路易十四是表兄弟，查理二世的母亲是法国公主，也是路易十四的姑姑。

### 索尔湾海战

公元 1672 年，英国皇家海军在没有宣战的情况下对荷兰商船发动袭击，荷兰舰队虽然抵挡住了英国军舰的袭击，但仍被击沉 1 艘军舰、被俘 3 艘商船。

为了报复英国，同年 6 月 7 日，65 岁高龄的德·鲁伊特指挥荷兰海军偷袭了停泊在英国东南部索尔湾的英法联合舰队。

当时港内泊有英法联合舰队大约 150 多艘船，其中有 45 艘英国战舰和 26 艘法国战舰，其余的多为小型船只、运输船只或后勤补给船只等，大约有 5100 门火炮以及 3.3 万人。

荷兰海军事先在港外布置了封锁线，利用涨潮放出纵火船，造成英法联合舰队陷入混乱。不过英法联合舰队很快就控制了局面，荷兰海军随即撤退。

虽然这次海战并未造成英法联合舰队多大的损失，但是却粉碎了英国对荷兰本土的入侵计划。

### 第三次英荷战争结束

之后，英国对荷兰的作战就变得更不容易了，荷兰当局则派人到英国花重金游说国会议员，并煽动反法舆论，激化英国和法国的矛盾，使得英国国会逐渐反对与法国结盟，舆论指责日益高涨。

◉ **荷兰拦海大坝**

尼德兰的意思是"低地之国"，它的国土低于或几乎水平于海平面的土地面积超过一半，从 13 世纪开始，荷兰（低地之国）人为了保卫赖以生存的土地而大量的修建堤坝。

图片中的须德海堤坝是 1932 年建造的宽 90 米、高出海面 7 米的拦海大坝，彻底把须德海湾与北海隔开了，为荷兰向大海争夺了更多的土地。

"须德海工程计划"是由荷兰著名水利工程师莱利设计的。荷兰人民为了纪念他的功绩，在大坝的西端建有他的塑像，并将在围垦地上建成的新省省会命名为莱利市。

查理二世迫于议会压力，不得不在公元 1674 年与荷兰执政威廉三世签订《第二次威斯敏斯特和约》，英国得到荷兰部分的殖民地与贸易特权的同时，还必须给予荷兰 20 万英镑的战争补偿，第三次英荷战争就此结束。

## 三次英荷战争，荷兰虽是战胜国，却越打越疲软

三次英荷战争，荷兰胜了两次，但是由于其国内的经济体制过度依赖对外贸易，没有战略纵深，以及国土狭小的短板，特别是第三次英荷战争后，荷兰被迫卷入欧陆争霸的漩涡之中，之后便一发不可收拾。此后，荷兰不得不留出精力来提防大陆虎视眈眈的对手，被迫放弃了自己海上霸主的地位。公元 1674 年 11 月 10 日，按照之前签订的和约，荷兰正式将新阿姆斯特丹割让给英国，"海上马车夫"就此退出北美大陆，属于荷兰的海洋霸主时代宣告落幕。

公元 1673 年，荷、英舰队在北海进行了三场海战，每支舰队都包括 130 ~ 150 艘大型战舰，即现在所说的主力舰，每方都拥有 9000 ~ 10 000 门大炮，双方进行了持续数天的猛烈炮火攻击，场面非常壮观。

◉ 英国"圣·安德烈"号战列舰

"圣·安德烈"号战列舰建造于公元 1673 年，重达 1338 吨，载有 96 门大炮，属于当时第一流的旗舰，是第三次英荷战争期间的一艘英国海军旗舰。

◉ 荷兰执政威廉三世

荷兰执政威廉三世和英国打得不可开交，后来却鬼使神差地做了英国国王。

# 第八章
# 丢失美利坚

经过100多年的发展，英属北美各殖民地的经济来往日益密切，逐渐产生了共同的文化，形成了统一的美洲民族和民主意识。加上一直以来英国对殖民地进行剥削，对北美殖民地经济的发展起到严重阻碍作用，为了对抗英国的经济政策，北美人民奋起抗争。

## 英属北美殖民地的叛乱

英属北美殖民地的叛乱一直存在，公元1681—1691年的J.莱斯勒起义与公元1676年的培根起义是早期两次最大的反叛运动。七年战争后，由于英国变本加厉地压迫殖民地，殖民地人民反抗宗主国的斗争日益激烈。

⊙ **库克船长**

公元1758年，库克船长曾参与英国海陆军的联合军事行动，从法军手上成功夺取路易斯堡。
公元1766年，库克船长被委任为"奋进"号司令，首次到太平洋探索。

⊙ **哥伦布**

哥伦布于14世纪末发现了美洲，15世纪末，西班牙人开辟了去往美洲的新航线。在接下来的4个世纪中，西班牙人、葡萄牙人、荷兰人、法国人和英国人围绕着北美殖民地的归属和海上霸权展开了激烈搏杀。至18世纪中叶，英国成为北美大部分土地的拥有者。

 英国国王乔治三世

⊙ 大清皇帝乾隆

## 最富庶的国王乔治三世

公元 1760 年，乔治三世登上了英国王位，他继承了 13 个最富庶的美洲殖民地，这些地方是英国海外人口的聚集地，也是英国税收的主要来源地。对于当时在英国本土不怎么成功的人士和冒险家来说，去那里淘金成了一个很好的选择。

英国本土的人则经常会对去往海外的人说，"国家为了'你们'和法国的战争付出了巨大的代价，虽然'你们'富裕了，但要回报国家的恩情，所以需要向国家交税，交很多的税。"

### 英国国王乔治三世曾派使臣觐见乾隆

英国国王乔治三世曾派遣使臣马戛尔尼来到中国，但是要觐见大清皇帝就必须双腿下跪，三拜九叩，这让马戛尔尼觉得被侮辱，不能接受。于是讨价还价之后，双方各退一步，答应马戛尔尼单膝下跪行礼。

乾隆皇帝见到英国使者的无礼举动，心里非常不痛快，马戛尔尼跪拜完，将礼物呈给乾隆皇帝后，提出了希望中国开放通商口岸，允许英国在中国派驻使节等条件。

乾隆皇帝对英国使臣奉上的礼物不屑一顾，想都没想就直接拒绝了，并让马戛尔尼给英国国王乔治三世带回了一道圣旨，内容大概就是：你等番邦小国，不远万里来给我祝寿，我很高兴。但天朝地大物博，不需要与你们进行贸易。

## 加征印花税

虽然英国在和法国争夺美洲的战争中获得了胜利，但是英国为了维持足够的兵力，其消耗也是巨大的。一组数字可以说明：公元1763年，英国国债已经达到了1.3亿英镑，比公元1756年的总额几乎增加了一倍。而驻美洲的军官费用在公元1748年只需7万英镑，如今已增加到35万英镑。

在如此巨大的支出面前，时任英国内阁首相的乔治·格林维尔认为对美洲殖民地增加捐税，以此来应付维持美洲官兵的费用是公正的，也是必要的。

公元1765年，在美洲的人们被告知，为了应对因不断战争而持续增加的国债，他们必须交印花税。

《印花税法案》规定：殖民地若要签署任何文件，无论是遗嘱、票据、契据、汇票还是收据等，都需要加盖英国政府的戳，当然只要盖了戳，就需要交税。

## 美洲殖民地的叛乱："不输入运动"

对于英属北美13个殖民地来说，《印花税法案》违背了《自由大宪章》，所以这里的人们意见统一地明确表示：他们不会缴纳这笔印花税。

公元1765年3月，《印花税法案》获得英王签署，

◉ 乔治·格林维尔

美国革命初期的一个里程碑事件是格林维尔为了提供北美驻军的经费来源在公元1765年通过的《印花税法案》。

◉ 英国为北美殖民地印制的印花税票

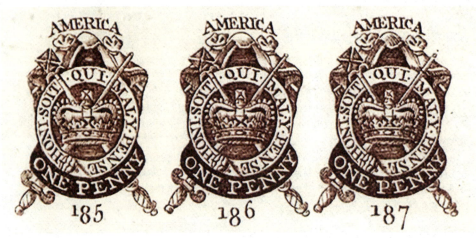

接着又出了《营舍法案》，依照该法案，殖民地还应供应部队的营房。

英属北美 13 个殖民地对英国本土的这项法案非常抵触，殖民地人民开展了"不输入运动"，拒绝接受一切为增加美洲税收而输入的物品。"不输入运动"极为有效，美洲与母国（英国本土）之间的贸易额一下子少了 60 万英镑之多，伦敦的商人受到了沉重打击。他们施加压力，迫使现内阁倒台，接替者罗金厄姆内阁于公元 1766 年废除了《印花税法案》，才平息了殖民地人民的愤怒。同时，英国国会又通过了《直陈法案》，认定国王与议会有权制定法律并迫使殖民地接受。但是美洲人民却因为取消印花税而忙于庆祝，并未注意到这个法案的通过。

北美人民（来自英国的北美殖民者）坚信《印花税法案》侵犯了他们作为英国臣民"无代表不纳税"的权利。所谓的"无代表不纳税"，指的是北美人民认为在英国国会中没有自己的直接代表，就等于剥夺了他们作为英国公民的权利，而这是不合法的。

《印花税法案》实施后，反印花税法的地下组织遍布整个英属北美殖民地，例如，一群反印花税的人攻击了英国的要塞，冲进纽约总督府，焚毁印花税票，副总督科尔登被迫逃到英国军舰上寻求保护。这群人随后又冲进一位曾威胁要"把《印花税法案》塞进抗法群众口中"的守备军官家里，砸烂了他的房子并洗劫了他家。

◉《波士顿男孩和将军盖奇》——1887 年凹版蚀刻版画

之后，英国内阁几经重组，大权落于财政部长汤森之手。公元1767年，汤森又出台了《汤森法案》，主张降低土地税，结果造成40万英镑的税差。为了弥补这个税差，汤森建议削减部分殖民地军事费用；另一部分则对进口贸易，如纸张、玻璃和茶叶增加新税，估计一年可收入4万英镑。

为了增加税收，汤森还在波士顿成立了一个关税委员会，主张税收不仅用来养兵，还要用来建立殖民地的文官制度。这样一来，身在殖民地的英国政府的行政官和法官都将不受殖民地议会控制。

◉ 波士顿大屠杀

## 波士顿大屠杀

英国内阁出台的这一系列税收政策，使得英属北美殖民地人民大为不满，其中波士顿地区的反应最为激烈。公元1768年7月1日，英国政府关税委员会要求驻北美的盖奇将军派遣部队协助税吏执法。但是，盖奇将军因为英国内阁要削减军费而拒绝了。无奈之下，英国政府从英国本土派出了两个兵团前去波士顿协助税吏执法。

然而这两个兵团到达波士顿之后，波

士顿拒绝为他们提供营房，他们只好强迫执行《营舍法案》，占领了这座城市，这引起了波士顿更进一步的抵触，北美人民再次抵制英货。公元 1770 年 3 月 5 日，在波士顿发生了冲突，暴乱之中部队开枪，打死了 5 个平民，伤了 6 人。这个事件被称为"波士顿大屠杀"。

　　紧接着在英属北美殖民地爆发了更为严重的反叛事件，英属北美殖民地的革命志士不仅开始武力反叛，还使用舆论的力量向英国政府施压，而英国政府的一系列镇压行为及应对政策，不仅未能平息叛乱，反而使殖民地人民更加团结。

### 英国探险家乔治·温哥华

　　乔治·温哥华出生于英国诺福克郡的金斯林，15 岁时即随库克船长远航太平洋。其后，他作为英国海军的一员参与了许多次战斗。公元 1792 年，他奉英国国王乔治三世之命，率领军舰对北美太平洋西北海岸进行勘探。虽然早在一年前西班牙人就来过这里，但是当时并未受到欧洲人重视，乔治·温哥华来到这里后，对此地进行了详细地勘探，编撰了考察报告，从此，欧洲人知道了这里拥有"数不尽的宜人美景"。温哥华沿着北美太平洋西北海岸继续北上，他还发现西北航道与大家原以为的纬度并不吻合，使得之后的航海者能更精确地航行。

## 火上浇油的《茶税法》

　　公元 1773 年，乔治三世为了帮助财政困难的英国东印度公司处理存储在伦敦仓库中的大量茶叶，颁布实施了新的税法——《茶税法》。

### 《茶税法》大致内容

　　《茶税法》于公元 1773 年 5 月 10 日获得批准，包括以下条例：

　　英国东印度公司有权将茶叶出口至北美。

　　英国政府不再强制要求英国东印度公司在伦敦茶叶拍卖行销售茶叶。

　　在英国征税的过程中，对销往北美的茶叶会退税或不再征税；

⊙ 茶叶

茶叶源于中国，最早是被作为祭品使用的。从春秋后期就被人们作为菜食，在西汉中期发展为药用，西汉后期才发展为宫廷高级饮料，普及民间作为普通饮料那是西晋以后的事。

◉ 波士顿港口倾茶

◉ 波士顿倾茶事件

收到英国东印度公司茶叶的代销商需要缴纳一定的保证金。

### 波士顿倾茶事件

英国东印度公司因此垄断了北美殖民地的茶叶运销，其输入的茶叶价格较"私茶"便宜50%（当时北美人民饮用的走私茶占消费量的9/10）。便宜的价格打压了北美本土的茶叶销售，导致很多的走私商和本地种植茶叶的商人无法生存，北美茶叶价格被操纵，生产出来的茶叶销售受到影响。因此，北美殖民地人民很反感《茶税法》，许多人出面反对，运往纽约和费城的茶叶被当地茶商拒绝接收，这些茶叶只能运回英国，最终在查尔斯顿的码头慢慢腐烂；停在新英格地区波士顿港口的英格兰贸易船只，被波士顿总督亨特希森驱逐，但是这些船只迟迟不愿离开，而当地的殖民者担心这些人会悄悄登陆。公元1773年12月16日，伪装成印度人的"自由之子"涌上3艘载满茶叶的英格兰贸易船只，并将船上的茶叶倾倒在港口，发生了"波士顿倾茶事件"。

# 大陆会议

波士顿倾茶事件后，英国国会于公元1774年起陆续颁布了5条《强制法令》，又称《不可容忍法令》，作为对此事件的回应。

## 第一届大陆会议，鼓励所有英属北美殖民地联合起来

这些法令明显剥夺了英属北美殖民地人民的政治和司法权利。为了美洲人民的利益，公元1774年9月5日，第一届大陆会议在费城召开了，会议通过了《联盟协定》，鼓励所有英属北美殖民地联合起来，一致抵制英货，并停止与英国贸易。

公元1774—1775年冬，英属北美殖民地人民开始建立志愿武装队伍，以保卫居民免遭英国当局和英军的蹂躏。

公元1775年4月19日，英属北美殖民地人民的队伍与奉命前来解除其武装的英国正规军在科康德和列克星敦（马萨诸塞）附近首次发生武装冲突。列克星敦的枪声拉开了美国独立战争的序幕。

## 第二届大陆会议，组建了联合军队

这次武装冲突发生之后，2万起义军在波士顿附近建立了一个营地，称为"自由营"。在革命处于高潮的形势下，"自

费城是美国早期的金融之城，在美国历史上有着十分重要的意义。美国第一家银行、第二家银行都坐落于费城，这里有著名的宾夕法尼亚大学，有收藏着诸多中世纪到文艺复兴时期精美画作的费城艺术博物馆，因而费城有着文化名城的美誉。

有12个州的55名代表（多为富商、银行家、种植园奴隶主，佐治亚州因总督阻挠未参加）参加第一届"大陆会议"。

◉ **列克星敦的枪声**

列克星敦的枪声拉开了美国独立战争的序幕。

● 独立宫

美国在费城的独立宫发表了《独立宣言》。

由营"起义军将英政府派来的盖奇将军封锁在了波士顿城内。公元 1775 年 5 月 10 日，在费城召开了第二届大陆会议。

通过这次会议，起义军收编了被封锁的波士顿的军队，将他们改组成"联合殖民地陆军"，任命原英军上校华盛顿为总司令。之后起义部队又建造了 13 艘巡航舰和轻巡航舰，建立了海军。

### 第三届大陆会议，发表独立宣言

由乔治·华盛顿率领的"联合殖民地陆军"，用计攻占了

● 硬币上的独立宫

● 硬币上的自由钟

美国的费城自由钟象征着美利坚彻底摆脱了过去。

◉ 《独立宣言》一绘画

提孔德罗加，缴获轻重火炮 120 门。接着又占领了王冠角，击败了圣约翰的驻兵。

　　起义部队一连串的胜利让英属北美殖民地人民坚定了战争与独立的决心。公元 1776 年 5 月，英属北美殖民地人民代表在费城召开了第三届大陆会议，并于 7 月 4 日发表《独立宣言》，痛斥了英国国王对殖民地的暴政，宣布一切人生而平等，人们有生存、自由和追求幸福的权利，宣言还同时宣布 13 个殖民地脱离英国独立，美利坚合众国——美国诞生了!

## 美国独立战争

　　战争初期，双方力量悬殊，这是一场英属北美殖民地人民为独立自由而进行的战争。

### 英国在北美的兵力

　　英国是当时最强大的殖民帝国，工业发达，海军实力位于世界前列，

◉ 托马斯·杰斐逊

托马斯·杰斐逊是美国《独立宣言》的主要起草人，美国开国元勋之一，与华盛顿、本杰明·富兰克林并称为"美利坚开国三杰"。

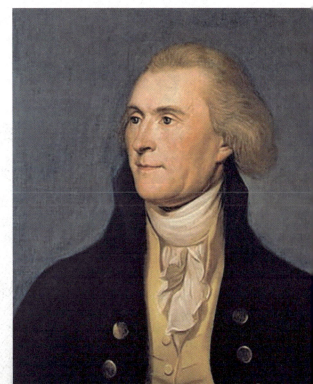

◉ 乔治·华盛顿

乔治·华盛顿，公元 1775—1783 年美国独立战争时殖民地军的总司令，公元 1789 年成为美国第一任总统（其同时也成为全世界第一位以"总统"为称号的国家元首）。通常被称为美国国父。

华盛顿是独立、民主、自由的象征，他同时又是奴隶主。这两面都是真实的，甚至可以说密不可分。

驻北美英军约有 3 万人，装备精良，训练有素，且以加拿大为依托；但军队远离本土，不谙当地情况，人力、物力补充困难；英政府内部在战争指导上存在分歧，未形成统一指挥。

### 英属北美殖民地人民为正义而战

英属北美殖民地人口仅 300 万人，其中约 50 万人为亲英的"效忠派"；正规美军刚组建，兵力不足，兵源主要依靠不脱产的民兵和短期服役的志愿兵补充，装备落后，缺乏训练；各殖民地地方保护主义严重，大陆会议的领导软弱无力；但进行的是正义战争，为独立自由而战，得到革命人民和国际进步力量的支持。

### 美军战略战术灵活

美国执行灵活的外交政策，利用国际矛盾，于公元 1778 年 2 月与法国签订军事同盟条约，法国正式承认美国，之后西班牙、荷兰也相继加入到对抗英国的战斗中。

美军战略战术灵活，采取正规战与游击战相结合的作战样式，摒弃传统的线式战斗队形，

◉ 美国独立战争期间使用过的大炮

◉ 法国著名油画《约克敦战役》

画中左手持剑、右手指向右方者是法军指挥官罗尚博，罗尚博左侧是美军指挥官华盛顿，右侧是格拉斯伯爵。

约克敦是美国弗吉尼亚州东南部小镇，现属美国国家历史公园一部分，有华盛顿与英军将领会见的穆尔大厦及很多史迹和战迹、海军基地等。

根据地形疏开队形作战，不拼消耗，不计一城一地之得失，而着眼于消灭敌人有生力量。

### 美国独立

美国在法国陆、海军配合下，在西班牙、荷兰加入后，这场战争的范围远远超出了英属北美殖民地之外。

公元 1781 年 8 月，华盛顿统率美法联军 1.6 万余人（其中法军 7000 余人，由罗尚博伯爵指挥），在格拉斯伯爵率领的法国舰队配合下包围约克敦，

◉ 罗尚博伯爵

罗尚博伯爵是法国军官、军事家、法国元帅。他是一名勇敢的骑士，参加过奥地利王位继承战争、巴伐利亚、波希米亚和莱茵战争，以支援美国革命而知名。

迫使英军于 10 月 19 日投降，促使双方和谈。英国政府于公元 1782 年 11 月 30 日与美国达成停战协议。公元 1783 年 9 月 3 日，双方签订《美英巴黎和约》，英国被迫承认美国独立。这场耗时 8 年的战争总算结束了。

## 扩展阅读：海盗约翰·保罗·琼斯加入美国海军

美国要与海洋帝国英格兰一较高下，却没有强大的海军，于是就向英国学习，借力打力，华盛顿也召集了一大批海盗私掠船，作为海军力量的补充，对英国皇家海军进行袭扰、打击。被美国人喻为"美国海军之父"的约翰·保罗·琼斯就曾是一位美国私掠船长。

### 年轻的船长

琼斯本是英国人，原名保罗，公元 1747 年出生于苏格兰，12 岁时就当

● 约翰·保罗·琼斯

琼斯采用惯用的海盗方式在英国海岸登陆，先是到了一个酒吧喝了一顿"霸王酒"，然后公开恐吓岸上的居民，最后放火走人，这给英国人带去了很多困扰。

美国的盟友法国国王路易十六对琼斯十分赏识，特拨两艘军舰归他指挥，这极大地满足了琼斯的虚荣心。

了见习水手，开始在大海上闯荡，19 岁成了当地最年轻的大副，在贩运非洲奴隶的船上工作。由于对奴隶交易非常憎恶，他离开了贩运奴隶船队。21 岁成为货船船长，在一次远航中，船上水手因薪酬问题造反，被琼斯杀了，结果被英国政府通缉。在万般无奈之下，他逃到美国，并将名字改为约翰·保罗·琼斯。

琼斯来到美国时，正值美国独立战争时期，于是加入了急需人才的美国海军，并很快被任命为海军中尉，成为一艘武装私掠商船的船长。琼斯成为私掠商船船长后，深入英国海域，俘虏了 16 艘英国商船，并把它们开到美国当时的政治中心费城。

### 成功向被英军围困的华盛顿部队运输给养

公元 1777 年 10 月，琼斯受命向被英军围困的华盛顿部队运送急需的弹药与食品，琼斯指挥船只冲破英军的重重围困，成功将给养送到了被困的华盛顿部队，使得这支部队脱离了被英军歼灭的危险。琼斯这次航行被认为是美国独立战争的转折点之一。

### 迫使英国皇家海军的王牌战舰"德雷克"号投降

公元 1777 年年底，琼斯率战舰"突击兵"号，孤军深入英国海域，骚扰英国船队，俘获、击沉了许多英国商船。

在一次对英国海域私掠的过程中，琼斯的"突击兵"号与英国皇家海军的王牌战舰"德雷克"号相遇，"德雷克"号有 20 门大炮，火力很强，而琼斯指挥的"突击兵"号虽然是战舰，但只是排水量只有 318.5 吨的单桅船，顶多算是一艘加强武力的私掠船，与英国皇家海军王牌战舰根本不是一个级别，但是琼斯并没有退缩，而是凭着娴熟的驾船技巧与之激战一个多小时，将敌舰舰长打死，迫使"德雷克"号投降，俘虏了 133 名战俘。这次战役后，琼斯成为英国家喻户晓的人物。

### "我还没有开始战斗呢！"

公元 1779 年 9 月 23 日傍晚，琼斯指挥一支由 6 艘船组成的舰队在北海海域与一支英国舰队遭遇。英国舰队的主力舰是一艘拥有 52 门大炮的新型战舰"塞拉皮斯"号。在战斗过

琼斯指挥的这支舰队有 380 名船员，其中只有 60 多人是美国人，其余分属包括英国在内的 8 个国家。而且"好人理查德"号虽然率领着一支有 6 艘船只的小编队，但其中 2 艘是私掠船，3 艘是法国海军的船只，只有 1 艘是美国海军的舰艇，而且这些船长之中还有一个精神不太正常的法国人。

⊙ **身穿制服的约翰·保罗·琼斯**
琼斯是一位传奇的海盗船长，他的才华、俊美使得民间有许多关于他的故事。此图就是他在对付"情敌"的插画。

程中，琼斯驾驶的"好人理查德"号中弹受损并开始下沉。这时英国人劝琼斯投降，琼斯却豪情万丈地回击道："我还没有开始战斗呢！"这句话后来成了美国海军的名言。

琼斯驾驶开始下沉的"好人理查德"号向"塞拉皮斯"号冲去，两舰结结实实地撞在了一起。"塞拉皮斯"号受到突如其来的撞击后，甲板上的水手乱成一团，琼斯命手下用缆绳将英舰系住，并带头手持火枪跳上了英舰，开始了"近身肉搏"。经过两个多小时的激战，琼斯的英勇气概摧毁了敌人的意志。"塞拉皮斯"号舰长皮尔森摘下佩剑，向琼斯投降。

战后，美国国会授予琼斯上校军衔和一枚金质奖章，使他成为美国海军中获此殊荣的第一人；法国国王路易十六也亲自向他授勋，并赠给他一把黄金宝剑。这次胜利使琼斯的声誉达到顶峰。

琼斯的一生短暂而辉煌，虽然大多数时候充满了失意与挫折，但他的勇猛作风和战斗精神始终为后人所推崇，琼斯的传世名言"In Harm's Way"成了美国海军永远的座右铭。

## 孤独的死去

在以后的 13 年里，琼斯的事业陷入了衰退。于是出走俄国，希望能一展才华，最终未能如愿以偿，后来他又去了法国，事业还是没有起色。公元 1792 年 7 月 18 日，琼斯因肺炎在巴黎孤独地死去，年仅 45 岁。

◉ **备战前的约翰·保罗·琼斯**
约翰·保罗·琼斯是苏格兰裔的美国海军军官、军事家。他甚至被俄国女沙皇叶卡捷琳娜二世任命为海军少将，被公认为是一个富有魅力的人。

# 第九章
# 美国独立后英国与法国的战争

法国与英国一直针锋相对，双方多次交手，互有胜负。在美国独立战争期间，法国帮助了美国对付英国。法国大革命爆发后，趁着法国内乱，英国趁机报复。

## 圣文森特角海战——打击了法国的同盟国西班牙

　　法国由于频繁参战又未能打赢（特别是七年战争）而导致国库空虚，后来又参加美国独立战争，给国家带来了前所未有的财政压力，其国债总量高达 20 亿法郎。由于战争债务带来的社会负担，社会矛盾激化，导致公元 1789 年法国大革命爆发，革命党人推翻了君主制，大批法国贵族逃往国外。公元 1793 年 1 月 21 日，法国国王路易十六被送上了断头台。

　　法国大革命引起周边国家不安。2 月，普鲁士、奥地利、荷兰、萨丁尼亚、汉诺威、英国成立了反法同盟，对法国进行武装干涉。法国大革命开始面临严重的危机。而法国则与西班牙结盟，得到了西班牙舰队的有力支持。

　　拿破仑在滑铁卢战役失利后，路易十八在外国军队保护下复辟了波旁王朝，恢复了国王的部分权力，保留了革命成果，并且建立君主立宪制。之后由于国王查理十世大肆血洗革命者，公元 1830 年 7 月巴黎人民发动七月革命，经过 3 天战斗，攻下王宫，国王查理十世逃往英国，建立了以路易·菲利浦为首的七月王朝，至此法国大革命彻底结束。

⊙ **法郎银币**
公元 1795 年法郎正式代替里弗尔成为法国的本位货币单位，公元 1834 年其他货币全部退出流通领域，法郎成为法国唯一的货币，是 2002 年前法国的法定货币单位。

## 拿破仑企图完全切断英国的海外贸易线

公元 1793 年 11 月，年轻的法国少校拿破仑攻陷土伦后，击败保王党势力，因此受到了革命党人赏识，被破格升为准将，这尚属欧洲军事史上的首次。这给拿破仑提供了统兵进攻英国的机会。拿破仑认为对英吉利海峡的控制可间接控制欧洲沿海各港口。假如法国能控制这些港口，那么英国的财源——海外贸易线将被完全切断，英国政府将不可能补贴同盟国参与反法。于是拿破仑向法国国会提出：凡非法国船只载运的英国货品一概不准进口。3 年后，为了刺激法国工业的发展，法国国会禁止一切敌国制品进口。

在法国的经济、军事双重夹击下，英国非常被动，法国则趁机准备进攻奥地利。为了挫败法国的野心，英国派遣霍雷肖·纳尔逊率领一支分舰队打击法军的海上补给线。

◉ 法国国王路易十六

◉ 处死路易十六

欧洲历史中被处死的国王一共有三位：查理一世（英国国王，1649 年在英国内战后被处死）、路易十六（法国国王，1793 年在法国大革命中被处死）、尼古拉二世（俄罗斯帝国皇帝，1918 年被苏俄政府枪决）。他们都是在由封建社会到现代社会的过渡时期的社会革命中被处决的。

## 圣文森特角海战，西班牙舰队战败

公元 1797 年 2 月 5 日，法国盟军西班牙的舰队从卡塔赫纳出发，欲通过直布罗陀海峡，北上与法国舰队会合。

纳尔逊获知消息之后，为了阻止西班牙舰队北上，他将舰队兵分两路向直布罗陀进发，沿海岸线经土伦与封锁土伦港的英国统帅杰维斯海军上将会合，没有发现西班牙舰队，于是纳尔逊和杰维斯一起，继续前行到卡塔赫纳（西班牙海港），依旧没有发现西班牙舰队。

公元 1797 年 2 月 13 日，英国舰队在位于伊比利亚半岛西南角的圣文森特发现了西班牙舰队，原来西班牙舰队出航不久就遇到强劲的东风，舰队被吹进了大西洋。

纳尔逊和杰维斯指挥舰队从两个方向成合围之势冲向西班牙舰队，同时炮火齐发。双方对战了 5 个小时，西班牙舰队被英国舰队分割包围，首尾不能相顾，损失惨重。此战英国舰队以少胜多，西班牙舰队有 4 艘战舰被俘，10 艘受重创，

土伦坐落于法国南部地中海沿岸，这里以造船业为主，拥有军火制造、冶金业和轻工业等。

为了争夺海上霸权和海外殖民地，英国地中海舰队在大西洋圣文森特角同西班牙舰队遭遇，展开了一场激烈的海战。

◉ 圣文森特角海战

被击毙和俘虏的人员达 5000 余人，而英国舰队损失很小，纳尔逊在此战后被晋升为海军少将，并荣获勋爵封号。

圣文森特角海战的失利给西法同盟以沉重的打击，破坏了法国的战略企图。更重要的是，它表明西班牙在海上已不是英国的对手了，英国则恢复了因为从地中海撤退而受到打击的信心。

## 特拉法尔加海战——终结法国统治世界的梦想

公元 1799 年 11 月 9 日，拿破仑发动军事政变，掌握了法国的军政大权。拿破仑执掌法国政权后，于公元 1800 年 6 月战胜奥地利，而后俄国、土耳其等国家接连与法国缔结和约，反法联盟彻底解体，英法两国签订《亚眠和约》，暂时休战。

英法两国在表面上达成了妥协，但这绝不是英国能真心接受的，因为英国输掉了北美十三州的殖民地，岂能善罢甘休，因此后来多次与各国组成反法同盟，与法国作战。

法国在与英国作战的过程中，多次被英国海军打败，为了能消灭这个劲敌，从公元 1803 年开始，拿破仑就开始策划法国海军穿越英吉利海峡以登陆英国本土的战略意图。

### 维尔纳夫成了法国舰队司令

法国有着强大的陆军，却没有像样的海上力量，原本准备借助盟友西班牙的海军力量来打击对手，没想到西班牙海军在圣文

⊙ 英国名将霍雷肖·纳尔逊

霍雷肖·纳尔逊，英国风帆战列舰时代最著名的海军将领及军事家，在公元 1798 年尼罗河口海战及公元 1801 年哥本哈根战役等重大战役中率领皇家海军获胜，他在公元 1805 年的特拉法尔加战役中击溃法国及西班牙组成的联合舰队，迫使拿破仑彻底放弃海上进攻英国本土的计划，但自己却在战事进行期间中弹阵亡。

森特角被英国海军打得落花流水。

公元 1804 年 11 月 6 日，拿破仑加冕称帝，把法兰西共和国变成了法兰西帝国。他渴望建立一支强大的能与英国皇家海军匹敌的海军。然而，此时的法国因为经历了法国大革命与动荡，国内海军技术人员以及战斗人员大量流失，加之原来的舰队司令病逝，维尔纳夫便因此成了法国舰队司令。

### 拿破仑登陆英国本土的计划天衣无缝

拿破仑计划由维尔纳夫率领舰队从土伦出发，通过直布罗陀海峡与西班牙舰队会合，将法国的陆军驳运到加勒比海，然后再到马提尼克岛，与其他法国舰队会合，协助法军攻打西印度群岛上的英国势力。

其目的是将英国舰队从欧洲引至西印度群岛，使英国本土的海上力量削弱，以便法国精锐陆军能迅速控制英吉利海峡，入侵英国本土。此时，法国在面临英伦海峡的隐蔽处部署了 15 万陆军，随时等着登陆英国。

### 成功将英国舰队吸引到西印度群岛

维尔纳夫还没出发，就开始抱怨舰队良莠不齐，补给不足，还给法国海军大臣写信，内容是"预料法国舰队必然惨败"，同时还提出了辞呈。

当然他的辞呈未被通过，维尔纳夫只能硬着头皮从土伦港出发，突破了英国海军中将纳尔逊舰队的封锁。维尔纳夫的舰队成功通过直布罗陀海峡，与西班牙舰队

⊙ **法国海军司令维尔纳夫**

维尔纳夫在 15 岁时就加入了海军，法国大革命爆发时，他支持革命，因此升迁很快。公元 1796 年，维尔纳夫晋升为海军少将。

公元 1798 年，拿破仑埃及远征队的舰队在尼罗河口被纳尔逊的舰队歼灭，仅维尔纳夫指挥的一艘主力舰和其他一艘主力舰和两艘护航舰全身而退，保存了法国海军力量。

会合，法西联合舰队越过大西洋，于公元1805年5月12日抵达马提尼克岛。英国舰队确实被吸引到了西印度群岛，纳尔逊舰队紧紧尾随其后，寻找机会战斗。

然而法西联合舰队到达马提尼克岛后，未能与其他法国舰队会合，维尔纳夫指挥舰队在离岸不远处抛锚休整，没有执行拿破仑的命令去攻打岛上的英国势力，而是眼睁睁地看着马提尼克岛上的其他法军和英国势力作战。

◎ "胜利"号

### 纳尔逊的坐舰："胜利"号

"胜利"号风帆战列舰于公元1759年开始建造，公元1778年开始服役，可以说是英国海军最具有代表性的一款风帆战列舰。整舰全长69.3米、舰宽15.8米、吃水深度为8.8米，配备有100门主炮，能贮存35吨火药和120吨炮弹，这些炮合起来一次性可发射半吨重的炮弹，"胜利"号的武器配备可以说是当时风帆战列舰中最高一级的配置了，而且"胜利"号一次性携带的物资可供舰上850人连续海上对敌6个月，这艘战舰几乎就是一座海上城堡。

这是一艘几乎完全由橡木构成的船，造型非常优美，是当时英国风帆战列舰的代表之一。

在特拉法尔加战役中参战的"胜利"号后来永久停泊在朴次茅斯，为了保护这艘著名的舰艇船体不被压坏，英国政府将"胜利"号的主炮更换为木质模型，以供后人参观。

◎ "胜利"号上的大炮

### 法西联合舰队逃亡过程中遭受打击

当法西联合舰队在马提尼克岛海域抛锚休整的时候，纳尔逊的舰队已经到达离马提尼克岛不远的巴贝多，维尔纳夫心中惧怕英国舰队的实力，于是急忙命人起航躲避，慌乱中整个舰队朝欧洲开去。纳尔逊则指挥舰队又一路追回欧洲。

维尔纳夫指挥的法西联合舰队逃至菲尼斯特雷角外海时遭遇了一支英国巡航的舰队，维尔纳夫担心尾随其后的纳尔逊舰队和这支舰队将法西联合舰队合围。于是无心应战，边打边逃，结果英军15艘主力战舰与2艘护航舰，打败了法西联合舰队20艘主力战舰与7艘护航舰，英军以少胜多，还俘获了两艘西班牙军舰。

维尔纳夫此时对英舰的恐惧已经达到了极点，指挥着剩下的军舰继续向西逃窜。

◉ 菲尼斯特雷角

在古罗马人统治伊比利亚半岛时，他们认为菲尼斯特雷角是欧洲大陆的最西端，因为再往前走就是大海了，连太阳都在此地淹没于海水中，于是他们在这里建造太阳神庙，并将此地称为"天涯海角"。

## 特拉法尔加海战

公元1805年10月21日，在西班牙加的斯东南方约45千米处的岬角——特拉法尔加，纳尔逊指挥的舰队追上了逃窜的法西联合舰队，双发爆发了激战。

经过持续5个小时的战斗后，由于英军指挥、战术及训练皆胜一筹，法西联合舰队被击溃，主帅维尔纳夫被俘，法西联合舰队阵亡3243人（法国2218人，西班牙1025人），受伤2538人（法国

◉ 威灵顿公爵在伊比利亚半岛得到了当地人民的支持

公元1808年3月，法国军队以保护西班牙领土和解决王室矛盾为名，进入西班牙并占领首都马德里，遭到了西班牙军民的强烈反抗，袭扰使法军苦不堪言，拿破仑不得不挥师西班牙，镇压马德里起义。英国于公元1808年8月介入了西班牙争端，并于8月8日登陆伊比利亚半岛的蒙得戈湾，8月30日占领了整个葡萄牙。随后英国威灵顿公爵在当地人民的支持下，经过几年的作战，逐步将法军赶出了伊比利亚半岛。法军陷入了两线作战的苦境，西线在伊比利亚半岛作战，东线则跟反法同盟周旋。

● 特拉法尔加广场上的纳尔逊雕像

纳尔逊深受英国人民的尊敬，救国于水火之中，他死后民众所流露的悲戚和不舍都体现在伦敦特拉法尔加广场上的纳尔逊铜像之上。

1155 人，西班牙 1383 人），被俘约 7000 人，1 艘战舰被击沉、7 艘被俘。

英国皇家海军方面阵亡 458 人，受伤 1246 人，军舰无一损失，但英军主帅纳尔逊在战斗中阵亡。

特拉法尔加海战是帆船海战史上以少胜多的一场漂亮的歼灭战，也是 19 世纪规模最大的一次海战。纳尔逊在这场海战中突破陈旧的战斗序列理论，运用灵活机动的战术，使法西联合舰队一败涂地。

此役之后法国海军精锐尽丧，从此一蹶不振，拿破仑被迫放弃进攻英国本土的计划，而英国海洋霸主的地位得以巩固。

## 日不落帝国的海上版图扩大至南非

特拉法尔加海战之后，英国向世界证明了可以通过海洋来掌控局面，英国的海洋霸权到达巅峰。

### 趁荷兰被法国吞并的契机，英国成功接管了非洲南端布尔人的地盘

法国虽然在海上输给了英国，但是在欧洲大陆依旧势不可挡。公元 1806 年，在拿破仑的铁骑下，荷兰被吞并，然而法国还没来得及将荷兰在非洲建立的势力收服，英国就朝非洲下手了。

法国海军司令维尔纳夫被抓后送到了英国，公元 1806 年 4 月获释，4 月 22 日在巴黎死亡，胸口有 6 处刀伤，但记录上则是写的自杀，当晚即被草草埋葬。据说，因为英国英雄纳尔逊在特拉法尔加海战中阵亡，英国民众将仇恨发泄在维尔纳夫身上，于是维尔纳夫被释放不久便被暗杀了；另一种说法是因为在特拉法尔加海战中他指挥不利导致法国海军几乎全军覆没，拿破仑派人把他干掉了。

### 英国接收了布尔人的地盘

在 17 世纪荷兰殖民者征服了南非的科伊桑人后，成了这里的主人，荷兰人在这块土地上定居下来，并繁衍了近 200 年，他们的后裔被称为布尔人。

公元 1806 年，荷兰被法国吞并，南非布尔人的母国没了，英国趁荷兰被法国吞并之机，立马派人接收了布尔人的地盘，之后英国军队、官员、传教士都来了。英国人还不断与周边土著作战，把殖民地的边界朝东推进了 100 千米。

### 非洲形成了三大势力

布尔人失去母国荷兰的庇佑后，只能将经营了近 200 年的南非拱手交给英国管理，然而布尔人并不服从英国人的税务盘剥和法律制约，更让他们无法接受的是官方语言都变成了英语。

一部分布尔人开始携带家眷从非洲的最南端朝北方迁徙，寻找新的家园，沿途经过不断与当地土著血战，建立起一个个政权。随着这些小政权之间互相争斗，然后结盟，最后在非洲形成了三大势力，占据好望角地盘的英国人、占据北端的布尔人和以祖鲁王国为首的土著政权。

◉ 科伊桑女人

图为 19 世纪早期的一位科伊桑女人被掠到英国伦敦进行展览时的海报。

科伊桑人曾广布于撒哈拉南部的非洲，后来因为受到黑人的驱赶、强奸和屠杀，现在生活在非洲南部的沙漠地区。其长相更类似蒙古人。其最大特点是女人的超级巨大的臀部。

◉ 金伯利钻石矿

金伯利钻石矿位于南非开普省，是传说中最大的纯手工挖掘的大坑，深 1097 米，在 1914 年被关闭之前生产了超过 3 吨的钻石。

## 三方势力的平衡被打破

  非洲的三方势力相互掣肘，保持了一段时间的和平。直到公元 1868 年占据非洲北端的布尔人的地盘中发现了金伯利钻石矿，其中一颗"南非之星"重达 83.5 克拉！这个钻石矿使得布尔人迅速富有了起来。

公元 1868 年 3 月 31 日，有一位名叫科洛尼的黑人牧民在砂砾中偶然得到一颗光彩夺目的晶体碎块，经鉴定为宝石级金刚石。其重量达 83.5 克拉（1 克拉为 0.2 克），被命名为"南非之星"。
"南非之星"曾先后在荷兰的阿姆斯特丹、英国的伦敦、法国的巴黎等城市展览过。1974 年，"南非之星"在瑞士的日内瓦展销时被英国一位伯爵以高价买走。

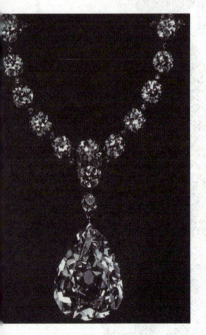

◉ 南非之星

### 祖鲁王国被英国消灭

如此巨大的财富，使得三方势力的平衡被打破，英国企图占有这个钻石矿。但是狡猾的英国人没有直接去攻打布尔人的地盘，而是向落后的祖鲁王国开刀。公元1879年，经过血战，祖鲁国王开芝瓦约被俘，祖鲁王国被英国消灭，分割成10多个小政权，后来这些小政权都成了大英帝国的殖民地。

### 挑衅布尔人的地盘，第一次布尔战争失败

消灭了祖鲁王国后，英国人开始有恃无恐地挑衅布尔人的地盘，尤其是大英帝国海军封锁了非洲海岸线，使得布尔人的"钻石"贩运成本提高，而且风险变得巨大。

公元1880年，布尔人为了冲破英国人的封锁，开始与英国人作战，第一次布尔战

◉ 祖鲁国王开芝瓦约

开芝瓦约，祖鲁王国国王，杰出的抗英豪杰，公元1872—1879年在位。战败后，起初被英国流放到开普敦，后又流放到英国。开芝瓦约一生为之奋斗的独立事业被英国殖民主义者扼杀了，但他为捍卫祖鲁的独立和统一做出了贡献，在南非近代历史上是有功绩的。

◉ 乔治三世时期的Sovereign金币

此币铸于公元1820年，是机器铸造的标准金币，重7.89克，直径22毫米，纯度为91.67%，面值1英镑。

公元1816年英国《金本位法案》公布，从法律上确立了金币作为英国货币单位标准，并确定了黄金和货币单位（英镑）之间的固定关系，它具有里程碑式的意义：正式开启了英国的金本位时代，也让英国成为全球最早确立金本位的国家。

◉ **拿破仑加冕时佩戴的宝剑**

公元 1804 年 12 月 2 日，拿破仑佩戴着这把剑在巴黎圣母院举办了加冕大典。宝剑上镶了 42 颗来自法国国库的宝石。据收藏界记载，拿破仑平时喜欢使用的一把镀金宝剑如今市值已经达到 120 万￢150 万欧元。而这把加冕时佩戴的宝剑更是价值连城，不过其最大的价值是历史价值和政治意义。

争爆发。在非洲待了数百年的布尔人非常熟悉非洲地形，而且枪法精准，占据了天时、地利、人和，使英国人招架不住，只能与布尔人休战。

**英国人和布尔人结盟，开始携手欺负当地的土著**

原本休战的双方后来因为布尔人的地盘上又发现了一座大金矿而再次变得不太平。英国人虎视眈眈地盯着布尔人的地盘，总想逮住咬一口，而且加强了非洲海岸线的封锁。布尔人因为有"钻石矿"和"金矿"，所以财大气粗地招兵买马，与英国人对抗。

公元 1899 年，第二次布尔战争爆发，这次英国从国内调集了大量军队，经过 4 年的战争，布尔人坚持不住了，放下武器向英国人投降。之后，英国人和布尔人结盟，开始携手欺负当地的土著，到了 1910 年，英国人将南非的开普、纳塔尔和布尔人的地盘合成一块，称之为"南非联邦"。

◉ **阿拉伯弯刀**

据传拿破仑喜欢阿拉伯弯刀，他认为阿拉伯弯刀在战马上使用起来极其方便，而且弯刀弯曲的形状在砍下敌人脑袋时很方便，所以拿破仑作战时所使用的宝剑是按照阿拉伯弯刀的形状打造的。